思想觀念的帶動者

文化現象的觀察者

本土經驗的整理者

生命故事的關懷者

心靈工坊 PsyGarden

Holistic

探索身體，追求智性，呼喊靈性
攀向更高遠的意義與價值
是幸福，是恩典，更是內在心靈的基本需求
企求穿越回歸眞我的旅程

Fathers' Daughters

Breaking the Ties that Bind

父親的乖女兒

關於那些努力變得優秀，卻失落自我的女性

Maureen Murdock

茉琳・莫德克——著

李淑珺——譯

目次

推薦序1

給女兒的做膽書

蔡怡佳（輔仁大學宗教學系教授）

茱琳．莫德克在出版《女英雄的旅程》後，開始投入這本原名為「英雄的女兒」的書寫工作，企圖探討與父親過度認同的女性，如何修復受傷的陰性，踏上自立的道路。在新書計畫開展之際，莫德克做了一個父親死亡的夢境，讓她一度考慮中止這個寫作計畫：「弒殺」的母題透過夢境浮現、在夢中所經歷的驚懼與孤立無援也預示了書寫此書會經歷的痛苦。莫德克比預定交稿的時間晚了四年才完成此書，究竟是怎樣的歷程讓「英雄的女兒」走得如此艱辛？這條非得經過廝殺才能開出來的路，最後會通往何處？如果讀者曾經從《女英雄的旅程》這本精彩的著作中得到耳目一新的啟發，在《父親的乖女兒》中，則可以繼續從莫德克直面生命歷程的自我剖析中，對女英雄的旅程得到更深刻的認識。

在《女英雄的旅程》中，莫德克從女性的困境出發，提出對英雄原型的反思。英雄旅程冒險的開展常以「離開母親」為起點；當女英雄離開母親時，常要在認同父親價值的追尋中付出失落陰性的代價。《父親的乖女兒》延續《女英雄的旅程》對於修復受傷陰性的關切，從父女關係中種種複雜而幽微的樣貌進行了細膩的探討，對於父親如何影響女兒在智性、成就、權力、創造力與靈性的追求也有非常深刻的著墨。書中的分析讓我們看見父性的價值如何在女性生命中猶如天羅地網般地存在，書中事業有成的女性也都經歷了對於父權的省思，從而開始尋找屬於自己的內在力量。以我們所置身的華人文化為例，對於成就的期待往往是「光宗耀祖」之集體價值的反映，而所謂的祖宗，在華人父系繼嗣結構中的祖宗就是父親的祖宗。如果將女英雄的課題放在華人社會的脈絡來看，要對決的就是這套父系繼嗣結構中的父權。父權文化如何以既強大又幽微的形式展現在女性生命之中？女性如何「依附」於父權文化而掙得自己的價值？女性又如何不自覺地成為這套父權文化的繼承人？莫德克在書中呈現的女性自覺的歷程（也可以說是「背叛」的歷程），能夠為這些問題帶來深刻的啟發。

莫德克在書寫完成後，對於先前夢境中「父親的死亡」得到一個新的體認：「父親的死亡就如國王的死亡，象徵了舊心理的統治態度的死亡。如果我要學習我究竟是誰，這個死亡就是必要的。」因此，弒父所殺掉的不是父親，而是作為女兒想要「成為他的掙扎」。在我們的社會中還沒有出現像《父親的乖女兒》這樣深刻討論父女糾結、從父權的包覆與照耀中自覺掙脫的著作。就像《女英雄的旅程》不只為女性而寫，《父親的乖女兒》也為所有踏上「弒父」旅途的英雄們而寫。「弒父」不再是小男孩原初愛戀的欲望表達，而是對原初認同的覺醒，以及自在生命的展現。

我曾經從朋友那裡聽說她小時候媽媽為她做的「做膽」儀式，這是台灣祝福小孩平安長大的民間習俗。為剛出生沒有多久的小嬰兒做膽，是希望讓孩子在長大的過程有足夠的勇氣面對人生的挑戰。習俗的做膽儀式中使用的物品男女有別：小男孩用石頭做膽；小女孩則用父親的皮鞋做膽。朋友說媽媽從外婆那裡承襲了這個儀式，卻錯用了原來要給男孩用的石頭來給她做膽：「所以，媽媽經常說，我的膽才會這麼大。」傳統習俗中用父親的皮鞋給女孩做膽，似乎呼應了「父親的女兒」對力量來源的想像：女兒要透過對於父親的認同才能得到力量。而朋友母親錯用了石頭，也彷彿在不經意中翻轉了傳統對於女性力量來源的理解。莫德克所刻畫的女英雄的旅程，的確需要夠大的膽識才能抵禦歷程中所要經歷的幻滅、失落與痛苦。從這個角度來看，《父親的乖女兒》也可以看成是給女兒的做膽書，為踏上征途的女英雄們做膽，看見主體如何在傳統父權文化的佔據中重新恢復創造與自主的力量。

推薦序2

兩顆行星的距離：關於父女連結、個體化與成長的思索

黃天豪（華人艾瑞克森催眠治療學會理事長）

有一些心理學書籍，深入地探討了某一種人、某一種關係、某一種處境。它們讓人在字裡行間看見自己過去從未真正理解的部分，從而獲得一種深深被理解的感受。《父親的乖女兒》正是其中極為精彩的一部作品。

這本書描繪了那些認同父親，並仿效男性方式追求成功的女性故事。它不僅是個體心理歷程的深刻描述，也是對父權文化下女性成長經驗的細膩剖析。作者以心理學、神話與靈性為經緯，帶領讀者看見，在父女之間親密而隱微的互動中，如何無意間締結出一種深層的盟約——一種既源自愛，也可能成為束縛的情感連結。

閱讀這本書的過程中，我自然聯想到自己與女兒的關係。我和女兒之間，有著美好的連結

與共鳴。與其說我們的相處是溫柔而靜默的陪伴，不如說，它更常充滿了笑聲與歡樂。我總能以無厘頭而巧妙的方式，逗得她笑到樂不可支。我們分享彼此的想法與故事，在笑聲中拉近距離，建立起一種輕鬆、自在且穩固的親密感。同時，我也觀察到，她與母親之間的關係呈現出截然不同的樣貌，那是一種更緊密、更情感化的連結，也伴隨著更頻繁的摩擦與碰撞。

在榮格心理學的概念中，女孩與母親之間激烈的情感互動，被視為個體化歷程中不可或缺的一環。藉由愛、抗拒、競爭與分離，女孩逐步從母親那裡分化出自己的自我。而與父親之間，因為較少直接衝突，反而更容易形成理想化的親密。這分親密固然溫柔美好，但若未經覺察，也可能悄悄地轉變為一種無形的束縛。

愛與怒、親近與對抗，交錯流動於母女之間；而我與女兒，則像兩顆自由運行的行星，在各自的軌道上相互呼應。或許正因如此，當我閱讀《父親的乖女兒》時，心中浮現了一種特別的觸動。

我心底並不希望她成為「父親的乖女兒」；不希望她為了討好我，為了維持我們之間的和諧與歡樂，而犧牲自己的真實感受與選擇；更不希望她在不自覺中，將「取悅父親」內化為自我價值的一部分。

回望自己與女兒的互動，我慶幸自己天性中並不傾向於控制。她所做的選擇，我打從心底不會想要反對。如果她主動詢問意見，我會以經驗與知識提供客觀的參考；若她未曾詢問，我也能自在地放手，讓她自由探索自己的世界。

當她選擇了與我預期不同的道路時，我通常帶著好奇與欣賞的心情傾聽，而非懷著批判或焦慮的眼光審視。我逐漸體會到，真正的支持，不是為她鋪設好通往未來的道路，而是以信任為基石，陪伴她走出屬於自己的路徑。讓她知道，無論她走向何方，總有人在這裡，為她喝采，也在她需要時，伸手接住她。

這是一條雙向成長的道路。她在學著成為她自己；而我，也在學著成為一位以愛守護自由的父親。

閱讀《父親的乖女兒》，讓我更深刻地意識到，父女之間最珍貴的，不是彼此的認同或依賴，而是能夠在愛之中，讓對方自由地成為自己。這是一場漫長且溫柔的練習，一場雙方都需要勇氣的旅程。而我，深深感激，能與她一同走在這條路上。

誠摯推薦這本書，給每一位女兒與每一位父親，以及每一位不可或缺的母親。

推薦序3

女性與父親之間，那些說不出口的愛與解結

陳宏儒（諮商心理師）

對渴望心理成長與自我覺察的女性而言，回顧家庭經驗往往是一段必要的旅程。我們在這趟旅途中經常探討母女關係，然而在台灣出版市場，專門聚焦於父女關係的心理學專書卻極為少見。茉琳．莫德克的《父親的乖女兒》無疑是首度引介榮格心理學視角，深入解析父女心理動力的重要著作，為我們開啟了一個尚未真正探索的內在房間。

莫德克以榮格心理學特有的童話分析，引領讀者重新理解「父職」在女性生命中的關鍵角色。她巧妙結合《無手少女》、《美女與野獸》、《綠野仙蹤》等經典童話故事與豐富的個案經驗，在集體意象與個人歷程之間穿梭自如。透過這些象徵性故事，我們得以洞察女性如何在與父親的聯盟中建構自我，卻也可能因此延緩獨立，甚至在父權的框架下迷失真實的渴望，而

最終必須踏上重新尋回自我的旅程。

父親作為引導子女離開母親、進入公共社會與象徵秩序的橋梁人物，他不僅扮演著保護者的角色，更是激勵子女的的重要他人。他給予的語言與認可，往往成為女兒自我價值與世界觀的根基。莫德克不僅描繪了父親如何形塑女性的自我認知，更深刻地探討了內在父親形象如何影響女性在創造力、權力、愛情、性與靈性上的態度與發展。這本書能協助女性讀者觀看自己的父女關係是如何形塑自己的重要心靈面向。

本書可視為《女英雄的旅程》的姊妹作——若說《女英雄的旅程》描繪出女性整體心靈與靈性發展的路徑，《父親的乖女兒》則更像是一部深入的「根源解剖」。它聚焦在女英雄旅程的起點，深入探索早期「父—母—女兒」的三角關係如何形塑成後來的自我，以及父女之間那些說不出口的愛，如何與女性內在的心理困局緊密交織。

即便文化背景各異，台美兩地的父女原型結構卻有許多共通之處。例如，我們常聽見父親把女兒視為「小公主」或「前世情人」，這種親密而理想化的語言，甚至反映在流行文化中。以周杰倫歌曲〈前世情人〉為例，「我會當妳晝夜騎士……每一道有妳風景，幫妳按下快門的祕密情人。」這樣詩意的言語展現了父親深刻的守護與佔有，情感上緊密聯結女兒的同時，也悄然佔據了她心中理想伴侶的位置。這使得許多女性在成年後，父女之間的分化與獨立之旅變得格外複雜。

時至今日，性別化的教養方式偶有所見，反映了文化中對性別角色與情感功能的刻板設定。父親傳遞的陽性價值（理性、競爭、自律）固然對女性發展有其重要性，但過度偏頗的灌輸，可能導致女性為了得到父親的認可或迎合父權價值，而忽略自身的情感、直覺與身體感受，甚至輕忽母親或陰性特質的重要性。

這種心理模式讓人聯想到從宙斯頭部誕生的雅典娜。她強大而有智慧，忠於父親與父權秩序，卻缺乏母性的溫柔與情感的聯繫。許多「父親的乖女兒」正如雅典娜般，在世俗成就上表現傑出，內心卻充滿疏離、焦慮，難以與自身陰柔面和平共處。這正是「打破束縛」的關鍵——整合被壓抑或否認的女性特質，尋回內在的平衡與完整。

當然，並非所有女性都擁有理想化的父親。在我的實務經驗中，許多女性的父親是缺席、失功能或情感淡漠的。對她們而言，挑戰不在於從崇拜走向分離，而在於從未真正擁有父愛的經驗。她們可能在情感關係中表現出過高或過低的期待，逃避親密或害怕依附，難以自在地安住。本書所探討的原型動力，能幫助她們理解這些模式的根源，進而探索療癒的可能。

無論來自何種家庭結構，本書末尾提出的心理任務，對許多女性而言都是共通的：不再向外尋求認可（無論來自父親或伴侶）；相信自己能發揮能力，也允許自身的不完美；保有內在的柔軟與堅定，學會依附的同時，也能獨立。若妳正走在這樣的心理旅程中，《父親的乖女兒》將提供豐富的指引與陪伴，幫助妳解開那些看不見的束縛，最終找到屬於自己的自由。

推薦序4

逃離母女的愛恨交織，卻誤入另一場與父之錯位的命名

林晴晴（神話思維女性文學人氣講師）

對許多女性而言，成長是一段跌跌撞撞的挫折堆疊史。很早，我們就意識到自己對女性身分的不自在，渴望逃出愛恨交織的母女關係。但從母親的戰場逃脫後，我們並未得到自由，反而走進了另一個戰場：父的視線。《父親的乖女兒》，就是揭露這場錯位的關鍵之書。它精準拆解「女性主體如何在父權命名下迷失」的過程。

讀這本書時，我無數次想起梅蘭妮．克萊恩（Melanie Klein 1882-1960）關於母女關係的論述，一場深刻糾結的愛恨糾纏，從「好乳房」與「壞乳房」的分裂裡長出的情感視野，也是每個女孩在成長過程中必須穿越的內部戰場。

我們可以理解，許多女性深感糾結的痛苦，因此從母女關係的戰場逃亡，渴望體會與母親全然不同的陽剛與決斷。然而卻開啟了另一種錯位的可能：一種女孩與父親之間，看似穩定、實則異化的情感結構。

這正是《父親的乖女兒》這本書要談的。

父親的存在如此穩固，於是在我們心中建構了一整座舞台。你學會努力、學會順從、學會表現出「聰明而獨立」的模樣，是希望能獲得一種絕對權力的肯定。

於是，我們逃出了母親的身體控制，卻被困在父親的文化規訓裡。那是一個無需「命令」你怎麼做的角色，他早已住進你的自我檢視當中，與你共生。

書中一再出現的，是女孩如何學會自我刪減，以成為「合宜的存在」。作者沒有刻意渲染情緒，而是用冷靜、細緻的筆法讓讀者意識到：原來很多我們以為的「自由選擇」，其實只是為了不失去父之肯認的安全選項。我們內化了父親，也內化了父權下對優秀女孩的標準：溫和、合理、有生產力、沒有過度情緒。

尤其，服從權威，不可以「怨恨」父親。

讀到這裡，我感覺這是這本書最精彩之處。它讓「抵抗父親」這件事成為能被訴說的可能。我們並非否定父愛，而是要讓深處的「父之錯位」浮出水面。目的是讓自我能夠更加完整，也同時修補自身的父性傷痕。

唯有能夠辨識出錯位，我們才能重新選擇自己的位置。

我們要長出自己的視線，理解自己一直想靠近的「彼岸」，也許並不是「理想的光明未來」，而是心中那個永遠不滿意的父性影子。

於是我們逃離的，從來不是「父親」這個人，而是你為了生存而構築的，名為父親的權威內化角色。

從這個角度看，《父親的乖女兒》不是一本單純的心理學書籍，而是一次「命名權」的奪回旅程：從被命名的「乖女兒」，到能夠命名自己身分的敘事主體；從「我受夠了這一切」的微小聲音，到終於可以自在地說出：「我想活出自己的節奏」。

書中以真實案例展開，清楚描述一場又一場「無手少女長出雙手」的過程，藉由真實的女性經驗，我們看見少女被父親出賣、斷手、流浪、成長，也看見現代女性如何在父性象徵秩序下，從「被切斷行動能力」中重新長出力量與命名權。

這本書給出了清晰的方向：慢慢地辨認內在的權力結構，然後一步一步從那個被期待的乖女孩位置，走出來。這是一場權力結構的鬆動，也是一場敘事主體的回歸。它像是一再提醒我們，不再對不起任何人，也不再對不起自己。

於是我們終於能說出：「我不是為了報復，也不再討愛。我要為自己的生命，重新命名。」

中文版序

我很愛看到我們鄰里中的父親們在週六早上推著嬰兒車逛農夫市集。他們會停下來跟其他爸爸們閒聊，而其他爸爸們也都推著嬰兒車或背著幼兒，這顯示我們文化中過去三十一年來最好也最顯著的轉變就是父職的轉變。美國社會對於男性與女性的態度改變重新塑造了父親在家庭裡扮演的角色。

我在三十一年前寫作《父親的乖女兒》時，女性才剛開始大步踏入工作場域，同時改變了父親的角色。男性不再被認定是家裡唯一能賺錢的人，強大而有力量的女性是女兒們新的角色模範，看到母親處於有權力的地位會讓女兒相信自己也能獲得成功。不過儘管女性在家庭外的世界大步邁進，但女性低於男性的論述模式仍舊深植在父權文化裡。女性的生育權在美國正受到攻擊，掌權的男性希望女性回到一九五〇年代想像的性別角色。

台灣的父女關係在過去三十一年來也因為文化、社會、經濟和性別典範的轉變，有了巨大的改變。在中華文化多年的影響下，台灣曾經是以農業為主的發展中國家。就跟東亞的許多地區一樣，台灣在歷史上也是父權社會，父親在家中掌握了權威與權力。

在父權的體制下，傳統上女兒們被認定要嫁入丈夫家裡，扮演持家的角色，讓她們在重大的人生決定上沒有太大的自主權。但在今天，台灣的女兒們普遍受到很好的教育，專注於發展自己的事業，父親也都支持女兒的野心。

許多社會運動——尤其是倡議女權的運動——在台灣於一九八七年解嚴後獲得動力。性別平等教育法在二〇〇四年通過，要求學校在教科書跟教學上強調性別平等，並發展對父母的相關教育，使台灣在促進性別平等上有長足進步。同性婚姻在二〇一九年合法，台灣也在二〇一六年選出第一位女總統。在性別意識上，台灣成為亞洲最先進的國家之一。台灣的女性就業率提高，雙薪家庭增加，父親也更投入分擔育兒責任。許多電視廣告都描繪台灣的父親參與家務跟照顧孩子的日常生活。

台灣社會正在有意識地重新想像父親的原型，顯示父親的典型可以同時涵蓋滋養智性的發展及給予紀律。父親的原型已經不再只是「父權國王」，而能包含更多的是「智慧的長者」或「人生導師」。在某程度上，台灣社會變得比較能接受男人表達情感。父親被鼓勵表達自己的感受，給予女兒情感支持，也讓女兒有安全的空間可以表達她們的想法與情緒。父親經常鼓勵女兒獨立、冒險、追求自己的目標，這都能帶領她們獲得更多自信。

離婚跟單親家庭在台灣變得更為普遍，也迫使父親成更為積極的家長。現在男性比較會參與心理治療，這也為女兒做了新的角色模範。他們與女兒的情感互動會幫助女兒將內心與權威、野心跟個人權力相關的部分整合在自我認同中。

當然這些發展背後也有些陰影。儘管台灣在性別平等上有長足的進展，但父親應該負責保護與養家的儒家思想仍舊深植人心。女兒被鼓勵在當代的平等主義社會裡出人頭地，但同時又被期待要盡到傳統孝道的要求，壓力便隨之而來。父親希望她們爭取獨立，卻又要求她們達到孝敬長輩的古老標準，導致她們被夾在互相對立的兩股勢力中。女兒經常會因為無法達到傳統的孝道期望而感到愧疚。

遇到情感衝突的討論時，台灣文化還是習慣默不作聲，因此女兒可能會覺得她們不能表達對父親的不滿。這種沉默滋養了說不出口的怨懟，讓父女之間的情感距離難以拉近。

另一層陰影則是跟母女的分歧有關。就如我書中描述，爸爸的乖女兒的經驗中最核心的一部分就是對母親的排拒。現代父親開始會支持女兒爭取自身權利，但這可能加深母女之間的裂痕，因為母親會覺得不被看見，不受肯定。她的女兒往前邁進，但她卻被留在原地。這是一九八〇跟一九九〇年代美國文化中很明顯的心理現象，但我無從得知台灣是否存在同樣的模式。這要由其他的研究者去探索了。

隨著女兒長大，跟父親有較多連結，如果她們認為母親代表的是她們想要脫離的那個體制，就可能選擇與母親疏離。這父女之間隱微的共謀，以及女兒對母親暗地的排拒，就會對女兒的女性特質造成最初的傷害。這傷害會阻礙或甚至完全阻擋她感受自己的本能直覺，容忍自己的各種情感，以及接納身體與生俱來的智慧。在排拒母親時，她也排拒了身為女人的自己。

在你閱讀《父親的乖女兒》時，希望你會注意到自己與父親不斷演變的關係如何影響了你與母親的關係、你的愛情生活、你與自己身體的關係、你的創造力、性慾、精神信仰，以及你在這世界上握有的權力。

雖然不是所有女人都是爸爸的乖女兒，但我們都是父權階級制度下的女兒，儘管我們已經越來越意識到這制度的壓迫，我們還是要睜開眼睛正視我們是如何把自己的智力、力量與情感都投射到男人身上。

——瑪莉恩．伍德曼（Marion Woodman）

茉琳．莫德克

寫於二〇二五年四月

前言

一本書從來不會只是一個人的作品，但這本書的卡司有數千人。《父親的乖女兒》講述的是我在心理治療、在加州大學洛杉磯分校的寫作課程、在全北美各地的工作坊，以及在探索父女關係的每週女性團體中遇到的女人的故事。沒有她們的故事，我們就不可能從女性的觀點了解，身為爸爸的乖女兒是什麼感覺。另外還有四十位自認是爸爸的乖女兒的女性同意讓我訪問她們。她們的姓名跟職業都經過改寫，以保留她們的匿名性。

這本書最早是在一九九四年由百靈譚圖書公司（Ballatine Books）出版，名為《英雄的女兒》（*The Hero's Daughter*），當時我有幸跟喬珞・德柏格（Joelle Delbourgo）合作，由她擔任我的編輯。後來這本書又在一九九六年重新命名為《父親的乖女兒》（*Fathers' Daughters*），以平裝本再度發行。在當時，父女關係還很少受到檢視。個案與母親的關係是當時心理治療中占主導地位的工作焦點，而大多數女人在從母親身邊獨立個體化時，都不想太仔細地審視爸爸這個角色。

轉眼來到了十年後。隨著更多女人擁有成功的事業，也在社會上體驗到地位與聲望，她們對於探討父女關係不再那麼恐懼。女人學會了如何駕馭權力與地位，因此男人不再掌握她們父親所有的原型力量。而哀嘆自己的私人生活中欠缺陪伴與愛的女人，則特別想探討她們跟理想化父親的關係如何影響了她們的愛情生活。

春天期刊圖書公司（Spring Journal Books）的南希・凱特（Nancy Cater）讓我有機會在男女都比較願意療癒彼此關係的此時，重新出版《父親的乖女兒》。我期盼書中的想法能夠讓讀者體會到這項療癒努力的重要性，也給予未來世代的女兒跟父親一些指引。

茉琳・莫德克，二〇〇四年十一月

引言

《父親的乖女兒》描述的是身為「爸爸的乖女兒」，也就是過度認同父親，或將父親當作英雄崇拜的女人所具有的獨特心理情結。我一開始會對爸爸的乖女兒如何誕生感興趣，是因為我自己也是這樣的女兒，我也需要了解這究竟如何影響了我的人生。我在一九九〇年時寫了《女英雄的旅程》，這本書描述的是女性的心理與靈性發展。我跟知名的神話學家喬瑟夫·坎伯（Joseph Campbell）討論到英雄的追尋這個概念時，覺得深受啟發，而架構出一個發展模式，來重新定義女性在這方面的追尋。這本書出版之後，我收到來自全世界各地女人的數百封來信。其中有許多是來自努力要像男人而精疲力盡的爸爸的乖女兒們。她們多數人都說到自己有傑出的職業跟經濟成就，但同時又表達了深刻的疏離感。她們循規蹈矩地遵循父權文化的規則跟指引，結果她們的內在生命卻是一團混亂。她們對父親過度認同，拼命想要像她們的父親，但對於如何身為女性且感到自在，只有一堆疑問。

我受她們故事中共同的脈絡深深觸動。每個女人都在信中描述她失去了自己本質中的陰性特質，而傳達出一種疲憊與耗盡的感覺。一位在電腦產業工作的女人說出了許多女人的心聲：「加入高科技公司的女人，進入的是一個非常陽剛的模式裡，競爭極度激烈，能倖存下來的都是內心的男性戰士最強大的人。同理、諒解跟支持的感受，對我們的事業發展很危險。我在矽谷工作了十年，從來沒有遇到任何女人沒有拋棄自己的陰性特質，或覺得過得很自在。回顧過去，我很慶幸自己還沒有變成一根鹽柱＊。」雖然這個爸爸的乖女兒學會如何在男性世界裡成功，但過度認同以父親為中心的價值觀，卻讓她無法在內心找到自在的核心。

爸爸的乖女兒就是認同父親，並仿效男人的方式追求成功的女人。小時候，她是「爸爸的小女孩」，會把父親理想化，並排斥母親。她是爸爸的掌上明珠，得到他特別的關注跟對待。她是兄弟姊妹忌妒的對象，有時候，跟父親沒有同等關係的朋友也會忌妒她。她把父親掌握得服服貼貼，知道她能從他那裡得到任何想要的東西。就像小說家珍妮・史邁利（Jane Smiley）在《一千英畝》（*A Thousand Acres*）中描述的、被父親鍾愛的女兒卡洛琳跟父親的關係：「她從來不怕他。她如果想從他那裡拿到什麼東西，就抬頭挺胸走到他面前，跟他開口。」

通常爸爸的乖女兒會是第一個孩子或獨生女。但她受到父親偏愛的地位不見得都由出生序決定——而是取決於她跟他連結的強度。爸爸的乖女兒把父親偶像化，視父親為英雄，想要跟他一模一樣。她會仿效他的特質，模仿他的走路姿態、他的品味跟他的意見。她決心要讓他以她為榮。

一個女人記得她青春期時有一次跟父親單獨去吃飯的感覺。她說：「我覺得我是他的女孩，他約會的對象。我覺得自己很特別。他在那段時期絕對是我的英雄。他慷慨到不可思議，而且他感覺好聰明。不管我問他任何問題，他都知道。他精力旺盛，喜歡熱鬧，而且個性專制，對什麼事情都有意見。他不太像個凡人。我當時覺得這樣很棒，樂在其中。」

就像這樣，爸爸的乖女兒沉浸在父親的完美中，對他的缺點則完全原諒。相反地，她會專注在母親的缺陷上。她從小到大都偏好男人跟男性價值，經常會認為母親是低人一等的。

這種對父親的英雄崇拜會延續到成年。一個三十歲的廣告業主管這樣說：「我一想到父親就有一種神奇的感覺。我知道他有他的缺點，而且他也會發脾氣，有時候他也會想幫我做決定，但是他是這麼愛我，又這麼溫暖、開放、支持，我覺得自己真的很幸運。我只怕自己不夠感激他。」

爸爸的乖女兒毫無疑問地會很早就開始發展陽剛的特質，仿效父親跟男性的世界。她對父親的認同讓她在這世界上有種自信能幹的感覺，但她跟母親的分離也導致她內在核心的陰性特質深深受傷。她跟自己身體的關係、創造力、靈性，以及進入親密關係的能力都受到損傷。大多數女人直到自己的親密關係或事業遇到問題，或面對父親的疾病或死亡之前，始終都迴避處

---

* 譯註：舊約聖經中，羅德的妻子逃離索多瑪城時，未聽從上帝的警告而回頭看，便被上帝降下懲罰，成為一根鹽柱。

理自己跟父親的議題。

榮格分析師瑪莉恩・伍德曼（Marion Woodman）寫道，雖然並不是所有女兒在跟自己父親的關係上都是爸爸的乖女兒，但是大多數女人在面對主流的父權文化時，都是爸爸的乖女兒。從當代女性主義崛起後，女人就開始跟男人與男性體制對抗，爭取在商業界、家庭、學術圈跟政治圈裡的平等。然而許多女人仍舊沒有察覺自己多麼深刻地延續著她們父親的價值觀。一個女兒會內化父親對她的看法，而她對他的認同越強，就越難建立對於自己獨立的身分認同。

在寫這本書時，我從不同的角度來探討父女關係：心理的、神話的，跟靈性的。身為治療師，我的工作取向是以家庭系統背景為取徑的榮格分析師，所以我寫到的理論學家也都反映這些取向背後的哲學。而書中各處也會反映出我對神話、童話故事跟夢的興趣。在榮格心理學中，童話故事或夢境中的所有人物、角色，都是同一個心理的不同面向。我希望身為讀者的你可以在每個夢境、神話跟童話故事的人物跟場景中，認出屬於你自己心理的某些部分。

這本書中最重要的部分是其他女人如此大方地跟我分享的故事，那些都是當代的寓言。我希望讀者能從中讀到自己的，以及我的生命經驗。我相信它們會讓你回想到你跟你父親的關係。對於讀這本書的男性讀者，我希望你們能因此更知道如何教養你的女兒，以及更了解你的妻子、姊妹、同事跟客戶，並且也能因此多了解自己一點。

寫這本書其實很像我跟父親的關係——一開始是一見鍾情，然後就是其他感覺接踵而來。寫完這本書一開始的大綱時，我在一次吃晚餐時拿給我朋友艾麗森看。艾麗森跟我是二十年的朋友了，都是逃離東岸愛爾蘭天主教會家庭的流亡者。我們一起生孩子，一起請艾麗森的母親幫忙看小孩，一起去唸研究所，也在先後不到一年的時間跟我們的第一任丈夫離婚。我們都先變成小小孩的老師，接著成為心理治療師。這麼多年來，我們經常交換關於我們父親的故事。艾麗森酗酒的父親在她十二歲時就拋棄了家庭，她也很清楚我仍舊把我父親當成英雄崇拜。她看這本書的大綱看了很久，然後放下來，長長地深吸一口氣，說：「茉琳，你真的要把接下來三年的生命花在寫這個嗎？你不知道這會很痛苦嗎？」

她的話讓我嚇了一大跳。始終是爸爸的乖女兒的我說：「你在說什麼？這不可能要花三年的，而且我認為這會是很重要的一本書。我們已經探究過跟母親的關係，現在該了解跟父親的關係了。」

那已經是四年前的事了，而且當時的我顯然還沒有做完艾麗森所做的，關於父親的功課。我對艾麗森的警告不予理會（我母親總是說：「你就跟你爸爸一個樣——什麼都要照你的意思！」），繼續寫這本書的大綱，然後寫出版提案。我的經紀人貝絲把我的書賣給了紐約的一家「大」出版社，離我父親的廣告公司只差幾個街口。當時的我一直都想讓我父親感到驕傲，想得到他的讚許。這下子一定會成功了！

我壓根沒想到完成這本書會需要三個編輯、兩次重寫、三年的時間，也沒想到這會讓我把我父親（以及我自己）從神壇上拉下來，且把我重重擊倒在地。

寫父女關係就像寫一個另類的愛情故事。其中的規矩、限制及禁忌不同於一般的男女愛情故事，但它確實是個愛情故事沒錯，有開頭，有過程，有結尾。

《父親的乖女兒》同樣也有開頭、過程，跟結尾。在第一部，我們會檢視父親跟女兒之間相互的迷戀跟認同，以及同時伴隨的對母親的排斥，而導致父女自己都不瞭解的、暗示的「盟約」。在第二部，我們則會探討爸爸的乖女兒如何犧牲創造力、靈性與女性力量，以求在這世界上實踐父親的命運。在第三部，爸爸的乖女兒學習將自己的認同跟父親分離開來。這其中包含了痛苦但必要的、跟父親分離的個體化歷程，接受父親就是個凡人，並找到身為女人的真實的美麗、力量與創造力。

莎拉・麥特蘭（Sara Maitland）在她的文章〈買一送一〉（Two for the Price of One）中寫了一段話給我們所有探索這段關係的人：「我是我爸爸的乖女兒。除非我愛他，否則我不可能愛自己。」

＊本書當事人、團體成員、工作坊學員跟受訪者的姓名跟身分都經過改寫，以確保他們的匿名性。有些女人選擇揭露自己的性傾向，有些人則選擇保留。

第一部

私人的脈絡

第一章

父親的乖女兒們

最後我終於放棄，而成為了我父親……

——莎朗．奥茲（Sharon Olds），〈命運〉（Fate）

父親與女兒的關係是今日最少被深入探討的人際關係之一。這個關係充滿了期盼與失望、崇拜與否定、愛與拋棄。一個小女孩所學會的跟父親互動的方式，將長遠地影響她成年後與男性的伴侶、配偶、朋友、長官跟同事的關係。這最早的夥伴關係也會影響她的性慾、創造性、靈性，以及在世界上表達並展現自己想法的能力。如果不加以檢視，女兒與其父親的關係將會深刻影響她在私人生活與社交生活上，對於擁有權利、權力與權威有什麼感受。

為人父的方式有很多種，每一種都有它獨特的複雜議題。最不複雜的是「夠好的父親」，這樣的父親愛他的女兒，而不帶有什麼附加條件，能夠幫助女兒成為一個自給自足的女人，可以在男性身邊做自己。[1]較有問題的是「缺席的父親」，這樣的父親因為情感疏離、忽略，或死亡，而拋棄了自己的女兒，讓女兒感覺脆弱而渴望父愛。「寵溺的父親」則是讓女兒一直有如嬰兒，永遠呵護她，給她想要的一切，確保她依賴他。「消極的父親」放棄了他身為養育者跟引導者的角色，讓女兒必須跌跌撞撞地自己摸索一切，而對權威缺乏尊敬。「引誘的父親」則是讓自己與女兒的關係情慾化，這樣的父親即使沒有實際上對女兒性侵害，仍會以這暗示而具強迫性的連結綁住女兒。「獨裁的父親」命令女兒必須服從，讓女兒永遠都感到恐懼不安。「執迷的父親」會因為被自己的執著驅使，利用和虐待自己的女兒，讓她拼命追求完美以防衛自己。最後還有「理想化的父親」，這樣的父親鍾愛女兒超過自己的妻子及家中其他的孩子，讓女兒覺得自己極為特別，飽受寵愛。諷刺的是，這種我們稱之為「爸爸的乖女兒」的父親掌上明珠，父親的愛所附帶的代價可能最難檢視。

這些不同類型的父女關係都會帶來情緒上的後果，雖然其中有些不容易辨識。「父親缺席的女兒」通常會把父親的拋棄怪罪到自己頭上，而會持續掙扎著想要「變得夠好」，來贏得父親或其他人的愛。「被寵溺的女兒」則知道自己沒有足夠的能力創造自己滿意的人生，所以通常會找一個父親的替代品來照顧自己。「被引誘或被虐待的女兒」則會努力尋找一段自己不會是受害者或加害者的關係，而在過程中因內心的痛苦，而一再想起父親的侵犯。「消極父親的女兒」則學到，她永遠不能仰賴任何人，而會一輩子都在為父親的缺乏權威做出過度補償的行為。「獨裁父親的女兒」很可能被霸凌而屈從，或者成年後一直都在反叛；而「執迷父親的女兒」則一輩子都在努力對所有人與所有事保持掌控而精疲力竭。「爸爸的乖女兒」則是對父親的認同如此強烈，而難以有任何獨立的對自己的認同。她在成年過程中會一直覺得自己獨一無二而且理所當然享有一切，以至於她幾乎不可能會想去檢視自己與父親關係中的複雜議題與因此要付出的情感代價。這種父女之間極度複雜但又極為束縛的關係就是本書的焦點。

父親的乖女兒群像

在我實際執業的經驗裡，我發現爸爸的乖女兒成年後都有一些共通的行為跟性格特色。爸爸的乖女兒小時候對父親有很強大而正面的認同，所以長大後也會最認同父親，偏愛男人與男性力量，而會覺得女人的意見與價值都是次要的。在童年時期，爸爸的乖女兒就是父親的知己，對父親而言更像是妻子而非女兒。成年之後，這樣的女兒會複製父親掌中明珠的角色，成為長官的親密夥伴（不論有無性關係）。身為掌權男性信任的心腹，她可以保有掌上明珠的特權地位，但自己本身其實毫無權力。處在這樣次要的地位，爸爸的乖女兒是最佳的助手，最適合協助所謂的「帝國建造者」、總裁，還有那些擁有政治勢力而準備挑戰世界的男人們。

從小受到父親偏愛的經驗會讓她覺得自己很特別，而期待別人都會歡迎她。她對於自己跟別人都有很高的期待，對於人際界線無感，而且通常無法接受別人的拒絕。她會把自己的身體用到極限，而且不允許自己生病。她從來沒學會妥協，因為習慣了一切照她的意思，所以她會在親密關係中遭遇困難，因為親密關係無可避免地需要彼此的傾聽跟協商。

爸爸的乖女兒會不計代價地試圖仿效她的父親。她崇拜父親，所以會將父親的價值觀內化，並將其轉化為自己內心的聲音，驅使自己必須有生產力。結果就是，爸爸的乖女兒在職場上會是野心勃勃而勇於負責的；因此她對目標專注，決心要達成目標，而且經常會接受超過自己所能輕鬆負擔的責任。她要求自己完美，而且對自己的弱點絲毫無法容忍。依據父權的、目標導向的、以權力為基礎的文化的標準，她會被視為是成功的。爸爸的乖女兒渴望與父親相像，也渴望被父親喜歡。有時候她甚至渴望成為她的父親。她戮力於不只是了解父親最內心深處的想法，更要體驗父親在世界上體驗到的那種權力與能見度。

丹妮耶是一位醫療社工，負責為癌症病人跟家屬提供諮詢。她從小到大都很崇拜在新英格蘭擔任小鎮律師的父親，有能力為客戶提供專業意見。她二十多歲的時候在哥倫比亞的和平工作團工作，並在那裡嫁給了一個她認為很像她父親的男人。

「我看著我父親能帶給我們鎮上的人安慰，於是那成為我最看重的價值，」丹妮耶說。「我嫁給我在和平工作團認識的男人，因為我覺得他跟我父親有相同的價值觀。一開始我是想嫁給像父親的人，但是當那段婚姻走不下去後，我轉而努力把自己投入到有價值的工作中，想要變成我父親。他熱愛他的工作，我也是。但我不知道何時該停下來。」

如果一個女兒認同父親的方式是經由父親的工作或智識，而非藉由與父親建立情感連結，那麼女兒可能到最後會認為在工作、事業與智性的世界裡成功，是唯一能讓自己的價值被看到的方法。有些爸爸的乖女兒在三十幾歲後半或四十幾歲時，才傷痛地領悟到自己曾經在建立親密關係上反覆失敗，很懊悔錯失了可以生兒育女的那幾年。

瑪麗安現年四十一歲，是一位事業有成的專業期刊的編輯。從小到大都是父親最偏愛的孩子，她對此很享受，而她父親也很驕傲地把自己的語言技能傳授給她。在晚餐桌上，她跟父親經常展開激烈的辯論，這是她不善於競爭的母親跟姊姊所無法加入的。瑪麗安的父親用競爭的方式訓練她的頭腦，這對她的職業生涯來說是一項重要資產，但對她的親密關係卻是一場災難。在她滿四十歲時，她領悟到自己可能永遠不會結婚。

「我有很強烈的陽剛態度，這在某些方面是我的死穴，在某些方面又是我獲得的恩賜。這是我的死穴，因為男人討厭，他們覺得我很好鬥。我不符合常規的女性特質讓他們覺得受到威脅。我很大部分的認同來自於我是父親的乖女兒，因此我很多男友都說他們無法跟他競爭。我已經把他內化到這種程度，以至於他們不可能成為我想要的樣子。我這輩子結婚的希望應該非常渺茫。」

當爸爸的乖女兒想執行尋找伴侶的任務時，她對父親的依戀經常會是一大阻礙。她不可能找得到任何凡人能達到她所理想化的「完美」父親形象，而且她也不會讓任何人有機會嘗試並接近它。她會抱怨男人沒有給她足夠的關注，藉此來逃避親密。男人如果沒有無條件地愛她，讓她「覺得」像父親愛她那樣，她就會認為對方根本不愛她。

爸爸的乖女兒可能會極度理想化自己的父親，以至於不僅很難跟其他男人建立親密關係，還很難對自己的成就感到滿意。將父親極度理想化，會讓她無法看重自己不夠完美的天賦和對世界的貢獻。她會貶低自己的才能，而相信自己所做的一切都不夠好。她會覺得自己沒有達到父親對她的期望，而感到沮喪。這種對自己的不滿會像一種病毒，雖然輕微卻永遠揮之不去。

「我父親對我有很高的期望，」瑪麗安回想道。「他跟我說我可以是第一個女總統。有一部分的他相信我無所不能，而且我應該成就什麼大事，這樣他就會非常以我為傲。但是一部分的他又希望我為人妻母，那似乎是更深藏在他心底的計畫。所以有時候我覺得不論我在工作上做到什麼令他驕傲的事，我還是在情感上徹底地讓他失望了，因為我沒能給他一個孫子。」

瑪麗安陷在一個無解的束縛裡。將父親的期望內化的聲音讓她無一刻歇息。即使拚命取悅父親，還是讓父親失望，而無法享受她在生命中成就的一切。當父親被理想化到這種程度，女兒在做任何人生決定時都會仰賴父親的認可。她對於職業、配偶跟子女的選擇經常都會取決於她認為她父親可否接受。對她而言，她在人生中有權利做什麼，都取決於她父親至高無上的觀點。

排斥母親

身為爸爸的乖女兒的經驗中，最核心的一部分就是對母親的排斥。讓父女之間形成結盟，同時將母親排拒在外的原因可能很多。母親可能因為憂鬱、憤怒、冷漠、無力、嗜酒成癮或其他因素，而跟女兒感情疏離。母親也可能因為跟父親離婚、生病，或很早過世，而消失在女兒的生命裡，製造出一個情感的空洞，而父親因此試圖填補這個空洞。也可能只是女兒就是比較喜歡父親，因為他們有共同的性格或興趣。不論原因為何，母親都成為這三角關係（見下頁圖）裡的脆弱環節，讓女兒覺得根本上失去母親。這原始的三角最生動的描述莫過於雅典與希臘文明的守護神雅典娜的神話。

這個神話始於雅典娜的誕生，她是以完全成人的姿態從父親的頭部一躍而出，身著閃閃發

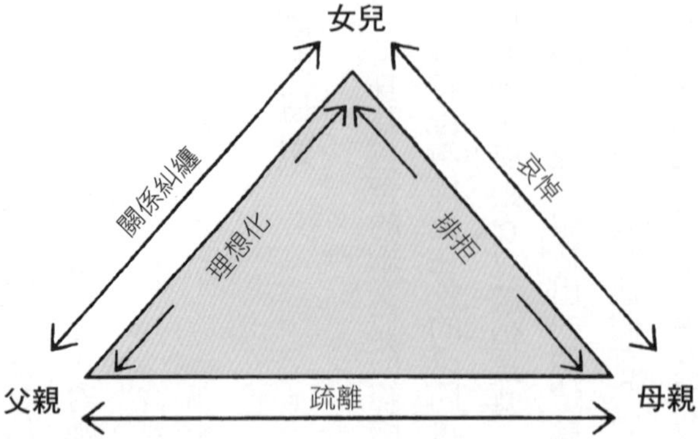

亮的金色盔甲，一手拿著銳利的長矛，同時發出一聲強有力的戰吼。雅典娜的父親宙斯事實上是在她母親梅蒂斯懷有她時，將她偷過來的。宙斯擔憂梅蒂斯會生出一個智慧和勇氣都與他相當的孩子，因此為了阻撓命運的安排，他用拐騙的方式讓他的配偶縮小，然後將她吞到了肚子裡。此舉剝奪了配偶生育的能力，讓他得以將他們的女兒占為己有。在這戲劇性的誕生之後，雅典娜就只認宙斯為自己唯一的親人。雖然現實中不會有這樣神奇的身形變化，但爸爸的乖女兒其實也有一樣的經歷。母親的角色等於被父親吞噬，讓父親得以將女兒占為己有。

爸爸的乖女兒在很小的時候就會知道父親對她的偏愛勝過對母親。她知道她比母親年輕、有趣，也比母親更關注父親。她知道她可以用母親永遠不可能做到的方式讓父親開心。為了保有被父親偏愛的地位，爸爸的乖女兒必定要排斥母親。她期待跟父親相處，而不是跟母親。她不屑母親的活動跟意見，認為它們都太女性化也太無趣。

當爸爸的乖女兒進入青春期時，可能會把這個時期的叛逆情緒都發洩到母親身上，抵抗或嘲弄母親的權威。父親在場時，她可能會找到比較隱微的方式來反對母親，暗中破壞她的權威。這種偏好父親的選擇最終會在女兒的心裡引發一連串互相矛盾的情緒：贏過比自己弱的家長的勝利感、能夠如此輕易「贏得」父親的輕蔑感、愧疚自己在當中獲得愉悅的罪惡感，以及關於母親的失落感。

父女之間的親密關係會自動將母親排除在外。女兒得到父親所有的關注，而暗暗覺得自己可以做一個更好的妻子，畢竟她才真的了解而且欣賞父親。如果母親經常憤怒、苛刻或憂鬱，女兒當然很容易相信她確實就是問題所在。父親的評論，例如「你媽媽就是不懂得怎麼開心」或「不知道怎樣才能讓她高興」更會強化女兒的這種假想。這種父女的同聲一氣變成暗地親密的共謀，祕密的感覺令人滿足，但最終卻會帶來沉重的罪惡感。女兒可能要到成年之後才會意識到這罪惡感，就像丹妮耶發現的。

丹妮耶在一九六〇年代後期時籌備婚禮，準備嫁給她在和平工作團的同事，而帶她的父母一起去紐約市的薩克斯第五大道高檔百貨公司買婚紗。她父親在專業上很成功，也很驕傲他就讀研究所的女兒跟一個醫生訂親。但是丹妮耶對於他們到薩克斯百貨採買感到愧疚，因為她知道她母親從來沒有享受過這樣奢侈的待遇。

「我父親從來不讓我母親從事她的護理工作，因為他說我母親真正的事業是在家帶孩子。在帶我們長大的那些年裡，她一直都是省吃儉用，縮衣節食，在連鎖的平價百貨公司買自己的東西。我父親一星期只給她十美元的家用，但是到我結婚時，我父親的財務狀況已經相當好。

「我去薩克斯百貨，想買一件婚紗跟一件輕便禮服。我一眼就愛上一件藍色生絲禮服，要價二百五十美金。我試穿時，我父親立刻說：『就買這件吧！』但我母親臉垮了下來，說：『他從來沒有買過這麼貴的東西給我！』我心懷歉疚地接受了父親送這件禮服給我，但是我能怎麼辦呢？我歉疚我們去薩克斯百貨買東西，歉疚我母親這輩子過的這麼辛苦，也歉疚我父親從來沒買過一件漂亮的生絲洋裝給她。我在畢業時給了她我的美國大學榮譽社團學會『愛智學會』（Phi Beta Kappa）榮譽金鑰，對她說：『這是屬於你的。』我希望她覺得自己聰明，因為她一直覺得自己在家帶六個小孩，什麼都不會。」

大部分妻子都會意識到丈夫跟女兒之間的共謀，在某程度上也都心知肚明自己被貶低到次等地位，但她們可能無法承認自己的忌妒，或者如果她們試圖談起丈夫跟女兒的同謀，就可能會被說腦袋有問題。有一個女人說，她的母親坦承自己很清楚丈夫對女兒的偏愛，但堅持說她對此並不介意——她反而很高興他們父女關係很好。在某些情況下，妻子事實上還可能因為工作的負擔、照顧孩子的責任，或跟丈夫感情不睦，而寧可少與丈夫打交道。她也可能合理化父女之間的緊密連結，認為這只是個過渡階段，對她丈夫跟女兒而言是好的，僅管對她而言不是。但不論具體細節為何，這種父親偏愛女兒的關係跟因此導致的情緒後果，都很少以任何形式被討論或公開承認。

這種父女之間隱微的同盟，以及隨之而來對母親的排拒，會對女兒的女性特質造成最初的創傷。這項創傷會阻礙甚至完全阻止女兒接受自己的本能，讓她無法容忍自己去感受，或無法接受她自然的身體節奏所帶來的智慧。在排拒母親的同時，爸爸的乖女兒也排拒了自己身為女人的身分。詩人雅德里安．瑞奇（Adrienne Rich）寫道：「令人傷痛的事實是，當一個父親愛護女兒的方式是取代母親，而非與母親互補時，**愛父親的代價就是要犧牲母親**，不論母親是因為什麼原因缺席。」[2]

爸爸的乖女兒只有在長大成熟，而發現自己與父親聯手排斥了母親時，才能夠開始同情自己過去如此苛刻挑剔的母親。而凱薩琳還沒有到這個階段。

凱薩琳是一位三十出頭的作家，她成年之後還是持續排斥自己的母親，藉此迴避自己無法擁有親密關係的事實。「我認同我父親，是因為他是個成功的作家，他了解創作的過程。如果我放棄對他跟對我事業的認同，我就必須跟我母親和解——而那感覺像個黑洞。她一直都很嫉妒我。她有時候甜蜜可人，有時候又尖酸刻薄。我因此學會了不要信任女人，而且我想我也不太知道怎麼對自己身為女人的身分感到自在。我還沒有準備好接受為人母跟全心養兒育女等等重大的事情。我知道我就是因為這樣而迴避長期的關係，至今還黏著我父親不放。」

凱薩琳到現在還無法去思考其實她母親擺盪在兩極之間的行為是有合理理由的，這樣她才比較容易專注在她從父親那裡獲得的禮物。這樣的女人會發現她們跟父親的結盟有利於她們在工作領域裡建立自信，但是在這個過程中，她們也否決了自己對愛與依附的需要。只有當她們檢視自己跟父親的關係，才可能了解自己為這受偏愛的地位付出了什麼代價。

審視父女關係的困難

雖然對爸爸的乖女兒而言，自我檢視並沒有固定的進程，但我注意到有一個可辨識的模式橫跨了成年後的數十年。爸爸的乖女兒到二十幾歲時仍會深愛自己的父親。她仍舊是父親最愛的小女孩，所以如果她膽敢往自己理想化的記憶的表象之下偷看一眼，就會覺得自己是個叛徒。她害怕攪亂一池春水，更害怕失去自己的父親。

但到了三十幾歲時，爸爸的乖女兒會開始感到焦慮，因為她會重新評價她過去一直珍視的父女關係，而開始感受到這分連結附帶的拘束與條件。但她仍舊會否認自己對於父親在她成年後的干涉、控制、忽略或不支持所感到的憤怒。她所感受到的憤怒不是被內化，就是投射到她的丈夫、母親、兄弟姊妹、上司或治療師身上，直到這憤怒找到正確的目標。

女兒可能會在四十幾歲時才如夢初醒地領悟到，儘管她看似從父親那裡得到一切，但卻失去了許多——失去自己的母親；失去自己的認同；失去小女孩幻想自己會長成什麼樣的女人的夢想——而因此感到怨恨與哀傷。有些女兒可以跟父親討論自己的感覺，但大部分人無法。在進入五十幾歲之後，爸爸的乖女兒會開始理解父親留給她們的遺產，明顯可見的部分是認可他的教誨與價值觀，內在的部分則是接受了他的失敗與侷限。每個女人會按照自己的時間，以自己的方式治癒傷痛。整合是一個持續不斷的過程。不論父親是否參與這個關係的治癒過程，解開自我認同與認同父親的糾纏，是女兒自己的任務——是她極不樂意進行的任務。

身為治療師，我一次又一次驚訝於女性明明在人際關係、個人成就與創造力的領域持續遭遇困難，卻仍然不願意去處理跟父親有關的議題。許多爸爸的乖女兒會很深入地處理自己跟母親的關係，卻完全不願意考慮進一步檢視自己跟父親的連結。懷舊、想要持續討好，以及否認憤怒等，都遮蔽了她們的視野。不論她們的父親是勞資糾紛談判家、農人、卡車司機、醫生或生意人，爸爸的乖女兒都會因為太過認同父親，而不願意去評價父親對她人生的影響究竟是健康的，還是有害的。我經常聽到例如下列的說法：

「我父親在我人生中扮演極重要的角色，我幾乎分不清楚哪部分是他哪部分是我了。」
「我很愛得到他的讚許，以至於我從來都不真的知道我自己對於為了獲得他的回應所做的那些事，到底有什麼感覺。」
「他一直都是我的英雄。我永遠都不可能找到任何跟他一樣的人。」
「我父親從來不允許自己生病，所以我很難接受自己或別人的弱點。」
「我父親以前很拼命工作，現在我也是一樣。」

說這些話的女人都知道她們與父親的關係導致有些事不對勁，但是她們就是不想攪亂水面，讓「那些事情」完全浮現出來。大部分爸爸的乖女兒會逃避「父親的議題」一直到三十或四十歲時，此時她們才終於開始發現自己的人際關係問題或事業成就受到限制，很可能跟父女的連結有所關係，或者她們可能是在此時遭遇父親生病或死亡的打擊。

許多女人抗拒檢視表面之下的問題，跟懷舊的心情有很大的關係。對於在一九四〇、一九五〇跟一九六〇年代成長在「完整家庭」的大部分女人而言，她們跟父親相處的時間是很短暫的，所以她們會緊抓著幼年時跟父親在一起的快樂回憶，或自己創造出父親在身邊的幻想，而非父親缺席的痛苦記憶。但不論與父親相處的時間是短暫而偶爾的，還是持續而常態的，爸爸的乖女兒都會將她們與父親的互動過度理想化，以至於她們眼前的成年後關係相較之下都顯得平淡而差強人意。這些備受珍愛的記憶跟幻想就變成用來評斷比較之後所有人際關係的標竿。

大部分爸爸的乖女兒成長時都被教會要討好爸爸。既然她們討好的舉動會得到溫暖的回報，那麼將自己與父親分離的衝動就始終會是個遙遠微弱的呼喊。小說家瑪麗・高登（Mary Gorden）在《女作家的自評》（*The Writer on Her Work*）中寫道：

> 取悅摯愛的父親，比在獨自達成的成就中發現樂趣要簡單許多。對我而言，要讓爸爸開心很簡單，這種簡單的感覺讓我從心底養成討好男人的欲望——渴望得到好女孩會得到的回報。這些回報絕對不是無足輕重的：它們包括了安全與讚許，還有當你討好一個男人，而他誓言會因此永遠幫你把大野狼擋在門外時，所創造出來的那種難以比擬的溫暖氛圍。[3]

父親跟女兒童年時這種親暱但未明說的合意，會變成一項有束縛力的盟約，裡面隱含了許多強而有力的前提。這項盟約通常都包含了女兒身為最受寵的孩子而刻意忽略的許多隱微的警告——例如「你敢挑戰我的權威，就會失去我的認可。」「你跟我競爭，就會失去我的保護。」「暴露我的弱點，我就會永遠離開你。」即使長大成人後，她也可能繼續忽視這些警告，只為了交換回報。

葛瑞是一個二十八歲的單身女子，正在努力建立她平面美術設計師的事業，而她談到她父親至今仍提供她的生活所需的物質，這是她認為自己不可能獨立做到的，因此她很難跟父親分離。「我不想對父親批判太多，因為他才剛幫我買了一輛新車。我知道他給我太多關注，但我現在的生活中也沒有別人會送我情人節禮物，所以我不想放棄。」

爸爸的乖女兒可能會大肆譴責父權體制的不公，但她會不惜一切代價地保護她的父親，把自己對他的怒氣埋藏起來。一個女人說：「我不想對父親感到憤怒，因為不論他做了什麼，我都能理解他，即使我也知道他的一些行為是不可接受的。我想要繼續愛他，當他的女兒，而對他生氣會否定了那分愛。」這種簡化的態度讓她在情感上一直保持在孩子的狀態。當爸爸的乖女兒最後終於有動力去檢視父親對她人生的影響時，她可能會很意外甚至震驚地發現，她的思考、感受、期望、價值觀和行為居然有這麼大的程度是被潛藏的討好父親、學習父親的欲望所驅動。我自己知道時就是徹頭徹尾地震驚不已。

在我有記憶以來，我母親跟我父母的朋友都常跟我說：「你跟你爸爸一模一樣——你真是你爸爸的女兒。」以前我不懂那是什麼意思，因為我小時候長得一點都不像我父親，我也沒有他的能力。我擁有跟母親一樣的黑髮跟栗色眼珠，而不是像父親的淺色頭髮跟藍色眼珠。而且我也不像他那麼會畫畫，那是我小時候最想做到的事。但是我對他們的評論引以為傲，因為我確實想要跟他一樣。

在我還小時，我覺得爸爸就跟神一樣，大部分小女孩都這麼覺得。他很幽默，很有吸引力，很有創造力又很強壯；他還很聰明，相當活力充沛；而且他是一家廣告公司的總裁，所以還很有權力。他野心勃勃，也努力工作，把公司經營得很成功。我每天都迫不急待地等他下班回家，急著想討好他，想跟他報告我這一天的成果，讓他以我為傲。不論是有意識或無意識的，我都在他跟我母親當中選擇了他，而他也默許了我的選擇。他變成了我的同盟，我也變成他的同盟。

到了青春期，我意識到比起我母親跟我妹妹，我父親更喜歡我。我對於成為父親的最愛感到開心不已，他對我無比關注，我也樂於獨佔他所有注意力。不管他說什麼我都有興趣。我想聽他說他的工作、他的想法、他的客戶。我母親沒有時間對他著迷。她是家庭主婦，她得煮飯、打掃、熨他的襯衫，還有跟鄰居共乘車子去辦雜事。而且不僅這樣，我母親對父親的成就顯得漠然，有時候甚至有敵意。我當時並不知道父親曾經拒絕支持她成為裝潢設計師，所以覺得她的態度莫名地負面。我當時只認為她對父親這麼努力養家不知感激。我父親是家裡擁有權力的人，我也因為自己跟他結盟，而誤以為自己也彷彿握有權力。我開始暗地裡看不起母親，覺得她很平凡無奇。

從青春期到成年初期，我從沒想過我的行動、價值觀跟態度都是依據我父親的樣子形塑而成，是為求得他的讚許而調整。直到我三十多歲到四十出頭，到我自己養育了小孩，也建立了我身為作家及治療師的事業後，才逐漸發現我仍舊渴望父親的關注。我在這個世界上成功的欲望，更多是源於需要他的讚許，而非自己的欲望。

雖然沒有追隨他的腳步進入廣告的領域，但是我人生的其他方面都成為獲取他肯定與讚美的工具。我寫作是為了發表，在全國各地舉辦工作坊，我看到作品被印製出版就感到滿足。我成為席妮．翰默（Signe Hammer）在《熱切的依附》（*Passionate Attachments*）書中描述的，為愛而工作的「迫切追求成就者」（desperate achiever）。這樣的女人希望成為父親引以為傲的焦點，而在不知不覺間將自己的人生設計成父親人生的延伸，藉此獲得他的關注。

我一直認為藝術的世界是我父親的領域。在四十歲時，我進了藝術學校的在職班，表面上是為了提升我的攝影技術，但潛藏在背後的現實是，我父親從來沒有肯定過我的藝術天分，所以我想對自己（跟對他）證明他錯了。第一個學期，我就發現自己拍攝大自然中的「儀式性空間」的照片飽受負面批評，這對我的創作歷程毫無幫助，因此我就退學了。當我審視當初入學的動機時，我才第一次意識到我事實上是為了尋求父親肯定我的創造力。藝術學校取代了我父親。也發現我是在跟父親競爭，藉此尋求他的關注——不是跟母親或妹妹競爭，而是跟我父親競爭。

這個想法震驚了我。我開始覺得自己很傻，一無是處，最後則是覺得哀傷。我居然花了四十年爭先恐後地跳上跳下（比喻的說法），喊著：「看我！看我！」而我始終沒有真的得到我所渴求的持續關注或讚許，這實在令人覺得屈辱。我對他而言，並不如他對他自己而言那麼有趣！我當下才明白我獲得成就的渴望有多少是來自於渴望他的愛。我想必是在很小的時候就認定了我的生存與否取決於他，而如果要得到他的偏愛，我就必須表現出特定的行為。如果不這麼做，我就得靠我自己了。

爸爸的乖女兒會病態地害怕傷到父親的感受，因為她極度恐懼失去他的愛——而這兩者是相等的。事實上，她想到要對抗父親就會卻步不前，擔憂如果她跟他意見不同，或拒絕再跟他站在同一陣線，他就會收回他的愛，甚至是表達出憤怒。有些女兒甚至相信這樣的對抗會害死父親。失去父親的恐懼會讓她們完全不敢嘗試任何真實的溝通。

剛開始寫這本書時，我做了一個很強烈的夢，夢見父親過世。那個夢如此真實而痛苦，我甚至不想繼續這個計畫。他可能死亡的威脅強大到讓我幾乎難以承受。如果我繼續下去，在某個層面上，我父親似乎就真的會死。以下是我記錄在日記裡的這個夢的一部分：

父親過世了，我痛失親人。我去跟母親說爸爸死了，但她毫不在意。她急著要去他們新房子的建地監督工程。她的樣子像是他的死沒什麼大不了似地。我轉而跟女兒說這件事，但她不想感受我的痛苦，所以她也轉身走掉。我想打電話給我的朋友寶琳，因為她父親在她十三歲時就過世了，但她已經搬去堪薩斯州，我根本找不到她。我身邊都沒有人可以談我父親過世的事，我覺得很失落。我想到這個父親節將沒有人可以（一起）慶祝了，然後想到我一直都把他的存在視為理所當然。

我花了很長時間才從這個夢醒來，並且明白這是夢境，不是現實。一開始我不知道自己身在何處，只拚命想擺脫那恐怖的感覺。我想到我父親一直都是我主要的親人與支持、我傾吐祕密的對象與聆聽我的人。沒有了他，就沒有人會聽我說話了。如果他死了，那一部分的我也死了。

在那個夢裡，母親不在乎我因為父親過世而有的感覺。她對我的哀傷視而不見，只忙著她自己的工作，監督一間新房子的建造。她終於可以自由地去做她想做的事。我轉向我女兒，但她的界線很清楚，她正處於世界向她開啟的人生階段，不想背負我的痛苦。我試著找到了解失去父親是什麼感覺的朋友，但是她已經搬去中西部，而我根本找不到她。我失去了父親，孤單到極點。沒有人安慰我，我覺得自己像個孩子。

這個夢讓我不寒而慄。它像個警鐘響起，警示我正要進入禁忌之地。談論父女關係觸犯了什麼禁忌？我真的想深入探究父親節所讚頌的集體懷舊之情背後到底是些什麼嗎？我的文字會摧毀我們的關係，或甚至導致他死亡嗎？我想到我將不再是父親的最愛，想到我甚至可能是害死他的工具，我就害怕到不能自己。儘管這種死亡只是象徵性的，但一想到那會在我心底留下的空洞，我就渾身顫抖。但我也知道，只有當我能與這強大而原始的連結和解，我才可能繼續過好自己的人生。

第二章

身分認同：身為父親的乖女兒代表什麼？

在尋求獨立、自主、自我時，我們會向爸爸求助……但我們的尋求又常常就終止在爸爸的腿上。他不是連接到世界的橋梁，他就是全世界。

——席妮．翰默（Signe Hammer），《熱切的依附》（*Passionate Attachments*）

父親的夢想都很難。他們希望女兒是自己的倒映，能體現陽剛的能力、成就、獨立。對很多女人而言，在公共場域「表現得好」是她們唯一能期盼獲得父親注意力的方式。

——奧莉維亞．賀瑞斯（Olivia Harris），〈天神般的父親〉（Heavenly Father）

父親顯然跟母親不同，而意識到兩者的差異幫助了女兒將自己與母親分化。哈佛大學的貝睿・布萊茲頓博士（Dr. T. Berry Brazelton）在研究中發現，小女嬰早在六個月大時已經會對於父親或母親的聲音和身體接觸產生不同的反應。[1] 一個女兒會藉由觀察父親與母親的互動，還有她自己與父親的互動，而從他那裡得到提示，從中知道身為一個女性是好或不好，甚至由此了解身為女性究竟代表什麼。他對於女兒的女性特質是什麼態度，在某種程度上就會決定她發展出的自我意識是健康的，還是會自我傷害的。

女兒會觀察父親喜歡什麼樣的特質，而由此構成特定的認知，認定身為女性究竟代表什麼。一個父親可以傳達他只有在女兒強大、有能力、獨立時；或是女兒服從、乖巧、溫順時；或是女兒忙碌而有生產力時才愛她。或者傳達出他的愛完全取決於女兒必須只依附他。無論是哪種情形，女兒都會學習到對父親而言怎麼樣才是「好的」，而如果她是爸爸的乖女兒，她就會盡全力拚命去達到父親暗示的標準。不斷想取悅父親的欲望將一輩子影響她處理依附跟自主議題的能力。

好女孩

大部分女兒在人生的頭幾個月就會學到當個「好女孩」會比當個「壞女孩」得到更多的獎

賞。好女孩要安靜、順從、依賴而且忠誠。而她們會因此得到擁抱、撫摸，得到父親的關注。從還是小女孩時，她們就學會了聆聽、眼神接觸、整個人閃閃發亮，微笑點頭附和。簡單說，她們知道怎麼讓爸爸開心。

一個父親會鼓勵女兒表現的親切、可人、自我犧牲，由此培養她順從的個性。她會因為個性隨和並使得家中氣氛和平而受到獎勵。她會迫切想取悅父親。即使在很小的時候，她就已經學會如何活成她父親心目中完美女性的樣子。她很少跟父親爭執，除非是在父親已經設定好的範圍內。相對地，她會選擇跟母親意見相左。

一個好女孩鮮少違反規矩或說謊，但萬一她這麼做了，她會確保自己不被抓到。在學校裡，她是個好學生，總是按時交作業。如果她的父親在家裡鼓勵她智性上的發展，她在學校就會很敢發言。相反地，如果她收到的訊息是好女孩應該多聽少說，那麼她在學校除非被點到名，否則就很少講話、發問，也不敢反駁老師。

長大成人後，曾是「好女孩」的爸爸的乖女兒會發現自己順從的習慣讓她不被看見或聽見。她會覺得自己像個孩子。她不想在人群中突出，也不想被審視或批評。她會很難找到自己的聲音，因為她大半輩子都在聽別人怎麼說或複誦父親的想法。她會想移除那順從的外表，但又害怕如果不再表現得如別人期待，就可能受到孤立。即使持續保持沉默與服從讓她感到哀傷，但一抹迎合的微笑仍舊牢牢地掛在她臉上。

壞女孩

壞女孩——不乖巧的、叛逆的、愛頂撞的、愛講話的，或早熟而性感的女孩——通常會因為太難掌控而被排拒。但是如果父親是個藐視常規，重視「膽量」或甚至叛逆的人，女兒就會因為身為壞女孩而受到獎勵。如果他違反規則，那麼她也可以。這樣的父親會支持女兒無所畏懼、勇於反對、活力充沛，還會在她敢於對抗權威時暗暗點頭肯定她——尤其是當她挺身對抗母親時。

身為年輕父親的女兒，我學會認同他自我認定的叛逆的角色。我父親喜歡自認為是可以做些調皮但無傷大雅的舉動而安然無事的壞男孩。他總將他服役時幫自己和兄弟們偽造週末假條的搞笑故事掛在嘴邊。他總惹我媽媽生氣。母親在家裡負責扮演黑臉，處處禁止、嚴格控管紀律，而他則演出調皮男孩的角色。

既然父親喜歡違反規則，而我又這麼認同他，我因此被（當然是暗地）鼓勵去違反規則。不乖是被允許的，甚至是更好的。這讓我覺得興奮。他總是說最有趣、最有創造力、相處起來最好玩的人都「有點壞」，但是不能太壞。什麼程度的壞可以接受，這定義一直不是很清楚，直到我在二十歲出頭時惹怒了母親。當時我大學畢業返家，但未婚懷孕，這在一個愛爾蘭天主教家庭裡是嚴重的越界。雖然之後我很快就結婚了，但當母親對我宣洩怒氣時，父親只沉默地站在一旁，手足無措。他沒有介入我與母親之間，也沒有為我講話，使我孤立無援。我對於他的沉默感到震驚，我父親在家中從來不會以道德之名大發雷霆，即使明白大部分父親不會高興女兒未婚懷孕，但我原先還是期待父親會支持我。畢竟他一向都接納我的祕密，也容忍我犯錯。他的沉默顯示出他的不贊同，他拒絕在母親面前保護我，這令我感受到背叛。

家庭治療師貝蒂．卡特（Betty Carter）寫道，當一個女兒認同父親，與父親結盟對抗母親時，她會以父親做不到的方式挺身而出面對母親。她知道她與母親的衝突不會讓父親不高興。他甚至暗自鼓勵這種衝突。然而女兒並不了解父母之間存在不會明說卻力量強大的相互依賴。如果母親憤怒到會對父親造成問題的程度，父親就會加入妻子的陣營，讓女兒知道她越界了。[2]我父親情感上的退縮顯示我超出了界限，而我覺得被他拋棄了。本來認定自己在父親心中理應相對重要的爸爸的乖女兒，在父親終於跟他妻子同一陣線時，不得不被迫審視自己如此珍惜的這個假想是否仍舊屬實。

在下面的這個例子，潘蜜發現自己不只會模仿父親逾矩的行為，而且她也經常選擇非傳統的男人。可惜的是，壞男孩通常不是可靠的伴侶。

四十三歲的潘蜜是一位非營利社會服務機構的行政人員。她自稱是爸爸的乖女兒，而且總是認同父親不守規矩的行為。小時候她會聽父親提起他與自稱「好吃懶作」的一群朋友從小到大的惡作劇，聽得入迷。他們什麼都不在乎。她說：「我當然會認同這點。我一向是最像我爸爸的那個，調皮又外向。每次他說『你敢試試看？』那就是對我最好的挑戰。」

在父親死後潘蜜立刻開始和她父親已婚的工作夥伴約會，證明了她喜歡逾矩的個性。她懷疑父親早已知道她對他工作夥伴的好感，但父親在世時她忍住念頭而沒有開啟這段關係。她說她覺得自己彷彿可以聽到父親說：「你等我死了再說，你這傢伙。」而她回答：「好，我等了。」她很喜歡想到這點。

對潘蜜而言，男人不過只是娛樂的來源。在她近三十歲時離婚後，她就再也不對任何持續性的關係感興趣。她對她父親不愛循規蹈矩的個性已經認同到足以侷限她所可能發展的關係的範圍。

身分認同中的性別角色

在我們檢驗爸爸的乖女兒的情感發展有哪些獨特的層面之前，我們需要先考慮更廣泛的社會議題，也就是大致上性別差異會如何影響情感發展。在大部分家庭裡，女孩子被認為比較敏感，因此被容許哭泣跟害怕，而男孩子則比較被容許表現怒氣或侵略性。珍・柏克・格里森

（Jean Berko Gleason）與她波士頓大學的同事所做的當代研究顯示，父母會針對不同的性別給予不同的語言標準，以此分別來強化對男孩和女孩刻板期待。他們會對女孩講話音調比較輕柔，表達負面情緒時也相對柔和，而對男孩的口氣就比較直接了當。例如父親可能對兒子說：「不要再鬧了！」但對女兒則可能說：「好了寶貝，我們換去那邊看那隻小蟲。」[3]如此一來，女兒就學會把直接果斷的溝通方式跟男性相連結，而較為婉轉的、轉移注意力的溝通方式則是跟身為女性有關。

女兒會發現，女生受到讚許的情感是正面，跟表達關愛有關的。溫柔、感恩、滿足、安靜、知足、快樂、順從及願意妥協，通常都會贏得父親（還有母親）的讚許，即使不是贏得父親的愛。而表達出過多哀傷、憤怒、叛逆、恐懼、性感或侵略性的女兒很快就會學到這些情感是不被接受的。這樣的女兒會被認為「很難搞」。

今日大多數成為父親的男人都成長在男孩子不被允許表達情感的年代。那時男孩不被准許哭泣、表達恐懼、表現出不確定，或開心雀躍。當小男孩陷入恐懼、痛苦或哀傷時，他會被說要「像個男人」、「忍過去」或「撐過去」。他學會用表演來掩飾痛苦，用男子氣概來遮蓋恐懼，用各種活動來對抗孤獨，也學會吞下自己的喜悅。他還學會得在面對不確定時永遠都要有解方，用幽默或憤怒來隱藏哀傷。所以許多父親都很難接納情緒的存在，也就不令人意外了。

如果一個父親無法連結到自身情感，他也不可能聽見或同理女兒表達出來的情感。相反地，他會抵禦這些情感。例如當他害怕自己感覺哀傷，他就可能在女兒哭泣時貶抑她、嘲弄她，或說個故事轉移她的注意力。他可能跟女兒說，這有什麼好哭，或叫女兒回房間去。她因此學到在父親面前表達情感是不安全的，這些情緒不會被聽到。

這種動力在爸爸的乖女兒身上會更加強烈。因為女兒對父親的認同更強大，所以爸爸的乖女兒不被允許體會或表達父親認為不該有的情緒。父親會藉由理智的論證來試圖消滅類似憤怒、哀傷、恐懼、不確定等情緒，控制她的感覺。當她被朋友排斥時，他會說：「別難過，寶貝，那些女生什麼都不懂。」當她對朋友生氣時，他會說：「別浪費時間在那些笨蛋身上。做你的正事。」當她對未來感到害怕，他會說：「不用擔心未來，寶貝，你什麼都做得到。」她的情感沒有被探究也沒有被安撫，她學會隱藏這些情感，而覺得孤單孤立，或者她就假裝什麼事都傷害不了她。但沒有被聽見、沒有被接受的感情並不會消失不見。它們只會聚集到她個性裡陰暗的角落，最終長出自己的生命。[4]

當一個女孩反覆地吞下自己的情感，某些行為就會變得牢不可破。她會變得善於否認、遲疑、壓抑或叛逆。長大後她會用工作、酒精、食物或性愛來麻痺自己的情感，這樣她就不必體會到痛苦或混亂。她會詢問朋友自己的感覺是否合理，問朋友說：「如果是你在這種情況會有什麼感覺？」她會以生悶氣或暗自地憎惡來表達受傷。她會把自己不願承認的怒氣投射到別人身上，責怪是別人導致關係失敗。

爸爸的乖女兒會得到很強烈的訊息，即她不但不被允許在父親面前表現出令人不悅的情感，還要對「他的」感覺負責。她絕對不能讓他感到哀傷或生氣，挫敗或失望。她會吸收掉他的焦慮跟哀悼——尤其是當這些感覺是關於他與妻子，也就是他與她母親的關係時。她藉著傾聽、哄騙、安撫或試圖變得完美，來保護他免於負面的感覺。如果她讓他失望，她會覺得很痛苦。而她也在不知不覺間學會彌補他未表達出的情緒。

我發現，我父親在他的父親過世時，對於自己無法表達的哀悼感到很難承受，於是我覺得平撫他的失落感是我的職責。我的爺爺在我父親十三歲時過世。我父親立刻就去工作，扶養他的母親、哥哥跟妹妹，成為家裡的支柱。他就讀職業學校，一週工作一週上學，他高中畢業後，就從十七歲開始全職工作直到七十歲。他一次次地告訴我，他「從來沒有玩的時間」，所以他從來沒學會怎麼玩。長大成人後，他也認為自己不能抽出時間學網球或高爾夫，現在他終於退休了，卻覺得要和其他男人從事這些活動也很困難。他的責任感餵養了他的事業。他的孤立餵養了他的高生產力。工作帶給他很大的滿足感，但也讓他沒有空間去處理自己的感受。

我記得我小時候，每次父親給我看他父親留給他的金懷錶，我就會為我父親感到一股椎心的哀傷。他曾是沒有父親的兒子，如今又是沒有兒子的父親。他講起自己的父親，總是帶著驕傲與景仰，從來沒顯現出任何哀傷，但是我能夠感受到他的失落有多深。沒有一個自己的兒子莫名地加深了失去父親的失落感。我因此覺得我一定要彌補他，包括絕對不讓他感到難過或孤單，還有要表現得像男生一樣「強悍」。他從不容忍我表現出「女生的」情感，例如軟弱或恐懼。當我試圖和他說我難以應付母親的怒氣時，他總是跟我說「不要跟她一般見識」和「有耐性一點」。我的痛苦則無處宣洩。我父親是個好老師。我從他身上學會了用工作生產力去填滿孤獨跟軟弱——這是社會文化接受的男性的鴉片。

模仿父親的感受模式

爸爸的乖女兒在小時候學會的情緒處理方式會決定她長大後的情緒功能。大多數爸爸的乖女兒長大後會模仿爸爸的感受模式，用憤怒掩蓋脆弱，用男子氣概掩飾恐懼，用瘋狂工作埋藏孤單。她們學會如何用活動填滿空虛，學會表演而不是感受；學會忽視自己的脆弱，而不是接納自己的侷限，甚至進而學會忽視自己的健康。

三十一歲的南希是個爸爸的乖女兒，她學到的是父親不能忍受她的哀傷，但會讚許她的憤怒，因為他可以處理她的憤怒，可以跟她的怒氣爭執。南希未曾見過父親表現出哀傷或遲疑，而當她覺得難過時，他會說：「我不想聽！回房間去，把門關上。」因為他無法承受看到她的脆弱，於是他在情感上拋棄了她。但是如果她生氣，那就完全是另一回事了。「生氣沒問題，因為我們可以理性地就此爭執。」南希回憶說：「但難過就是不成熟的，他完全無法接受。」

南希的父親是律師，但在她十一歲時就過世了。不久前她決定追隨父親的腳步踏入法律領域。她發現事務所裡的大多數男人都複製了她父親的感受模式，都一樣好戰而且總是有著斬釘截鐵的果斷。

「我工作的法律事務所裡的男人從來都不會難過或猶豫不決。他們對任何事情都有答案，而他們應付自身哀傷的方式是憤怒。他們時常都很憤怒。所以我身處的環境是鼓勵不要難過，並接受憤怒跟鬥爭是與人相處的合理方式。而且他們永遠都很篤定——身為律師的他們從來不承認自己的不肯定。我會承認，但他們不會。」

南希選擇在充滿類似他父親的男人的環境工作，藉此面對她父親的情感模式。為了釐清自身的情緒表達模式，她首先要處理父親的情感模式。南希的父親可以接受憤怒，因此她懂得表達憤怒。之後她決定探索自己身分認同中所有的可能性，並決定追隨她寫作的欲望，試著以此碰觸到她埋藏已久的情緒。

南希的父親將情緒都轉化成憤怒，而露拉的父親則是利用工作來遺忘自己的感覺。露拉是個四十歲出頭的藝術家，她必須全力以赴，才能不讓忙碌吞噬自己的人生。

露拉的父親是來自南方的「好男孩」，第二次世界大戰時曾在菲律賓擔任戰鬥機飛行員。他是個克林伊斯威特類型的傳奇人物，永遠都表現地像有任務在身。他能對任何情況加諸一種草莽的危險氣息，沒有人會質疑他的行動。露拉是他的第一副手，完全捍衛他的價值體系。他人生中的第一要務就是保持活躍；他重視忙碌、高生產力及具體的計劃。他做營造與開發工作，每天從清晨忙碌到晚，空閒的時間都在他的農地工作。露拉盡責地模仿他，她在廣告公司長時間工作，說服自己相信每個人都仰賴她的高生產力（她的任務）。她的工作狂傾向導致了身心症狀，讓她最後不得不尋求心理治療。當露拉開始探索她跟父親的關係時，她回憶起以下的經驗：

「我跟父親互動中最充滿情緒的時刻發生在我二十六歲那一年。在那之前，我一直如鏡子般仿效他的一切，堅持他的工作觀，跟他一樣把自己逼得很緊。那年感恩節，我帶著我的狗跟兩個妹妹去父親的農場，那裡是在鎮外，離我們家的房子有點距離。」

「父親在農場外圍放了些番木鱉鹼，想毒殺之前來翻垃圾的熊或狐狸。他忘了和我說有一塊肉下了毒，而且農場也沒有電話，所以他無法警告我。當然你可想而知發生了什麼事。我的狗死了，然後鄰居柯曼先生跟我一起把狗埋葬了。柯曼先生很討厭我父親，於是趁此機會對我父親的不負責任大表憤怒。但我只覺得想維護父親。但是當我回到家時，我很震驚地看到他站在車道上，啜泣著說他愛我。」

這是露拉第一次看到她父親哭泣，也是她第一次必須為他的行為付出代價。她的狗的死亡深刻影響了她，她也開始質疑她父親的行為模式。他做每件事都有種很急迫的感覺，使她自己的生活也有一種強迫感。她在二十到三十多歲時都用酒精和過度工作來掩蓋自己的感受。直到父親過世，她才終於覺得能夠自由地體會各種情緒。她在童年跟青春時期將父親如此地理想化，以至於她覺得可以藉由仿效他的行為而讓他彷彿還一直活著。

父親—女兒—母親三角中的情緒表達

在爸爸的乖女兒—她的父親—跟她母親所構成的三角裡，母親通常都是在情感上跟父親無法親近，或不吸引父親／丈夫。她可能是憂鬱、生病、憤怒、冷漠、疏離、忙碌、焦慮或無力。女兒選擇認同父親，因為他感覺是「比較隨和」的家長，比較好的家長，也是她選擇仿效的對象。她選擇絕對不要像她母親。

由於大多數父親都不會表達情緒（除了開心或憤怒以外），這使得他們的妻子就必須承載他們未表達出來的「陰影」情緒，例如憂鬱、失望、焦慮跟哀悼。丈夫會把這些未表現的情緒投射到妻子身上。在任何家庭、關係或群體裡，如果有一個人強烈表達或顯現某些特定的情緒，這關係裡的其他人相對地就不太需要表達同樣的情緒。舉例來說，如果母親在某個特定情境裡對自己的安全很焦慮，家裡的其他成員即使也有相同的感覺，卻會否定自己的感覺，轉而去照顧她或嘲笑她。他們能藉此將自己無法接受的焦慮情緒投射到她身上。家庭裡的每位成員都被「分配」到被准許表達某些感受。兒子可以愛生氣或陰沉，但女兒就被期待開朗又樂於照顧人。如果父親主宰了家庭，他就會深刻影響誰能夠表達什麼樣的情緒。

如果女兒跟父親同一陣線，她就會拒絕自己內心那些由母親表達出來的、她無法接受的情緒。她會把自己的哀傷、憤怒、恐懼跟孤單都分離出去。她覺得母親的「負面」情緒都很令人討厭，因此便刻意限制自己去體驗及表達任何負面情緒的能力。於是父親顯得輕快（沒有任何負面情緒）、天真、高等，而母親則必須承載黑暗的情緒，而顯得骯髒低劣。

以下的例子裡，我們會看到理想化的父親與被視為憂鬱、憤怒、忌妒或消極的母親形成對比，以及這樣的對比如何影響爸爸的乖女兒。在每個例子，女兒都是與父親結盟，內化他的情感模式，同時否定母親的情感模式。

憂鬱的母親

如果母親個性憂鬱，父親通常就會表現出更多盲目樂觀的情緒，可能會縱容妻子的情緒，企圖減輕她的憂鬱。他可能鼓勵女兒要對母親「體貼一點」、「多照顧一點」，因為她「有些問題」（在教導她時可能還伴隨著一個你知我知的眼神，傳達母親相對於很能幹的父親和女兒是低他們一等的）。女兒因此學會要對媽媽好，但她其實受不了媽媽。

丹妮耶是個五十歲出頭，外貌出眾而充滿活力的女人，看起來只有四十歲。她養大了四個孩子，並在家人、朋友以及她身為臨床社工所服務的癌症病患面前都散發出正面積極的情緒。她在美國東北部長大，有強大的北方佬的工作倫理觀。她母親是個家庭主婦，生養了六個孩子（四個女孩跟兩個男孩）。相較之下，她當律師的父親顯然比較有我行我素的特權。

丹妮耶描述她的家庭像是一輛會定期拋錨的老爺車。「事實上，我母親就是那輛老爺車，父親是駕駛，我則坐在前座。其他小孩坐在後座，打打鬧鬧。我母親生病或變得憂鬱時，老爺車就會拋錨，所有人就要停下自己手邊的事來照顧我母親。她的需要變成第一要務。她是家裡唯一一個可以表現出負面感受、可以讓別人失望的人。爸爸盡責地照顧她，我們其他人則學會照顧自己。我認同父親，他永遠都那麼溫柔、和藹、善於交際，而且只鼓勵快樂的感受，從來不表現出負面的感受。事實上，除了他母親過世那天以外，我從來沒見過他難過。我母親則時常在家裡強烈表現所有負面的感受；她會整個人被這些情緒籠罩。」

「我父親相較之下顯然是比較有魅力的家長。他總是戴著領結，顯得很瀟灑俐落。他是小鎮上的專業人士。跟這個散發著體香香氣的帥氣人物形成對比的，則是穿著及膝長襪跟牛津鞋，從頭到腳像個清潔女工的我母親。她飽受壓抑，情緒憂鬱。和她同一陣線就等同跟負面、哀傷和死亡結盟。相反地父親總是精神飽滿地回到家。他的辦公室在一家麵包店樓上。所以他回來時雙臂總是抱了滿滿的麵包糕點。」

「直到現在我五十幾歲了，我才開始了解憤怒帶來的能量。我決心要找到屬於自己的聲音。我開始感受到對父親的憤怒，逐漸明白他的樂天開朗的態度實際上多麼自欺欺人。他其實是在控制我的母親。我現在知道他不讓她繼續當護士、做她的專業，她被剝奪了所有可以帶給她一點自尊的事物。他們倆人都被當時的文化困住。現在我明白我母親是個悲劇人物，是大環境的受害者。」

丹妮耶學會跟她父親一樣溫柔和藹，最重要的是她不想像她母親。直到現在，如果她某一天沒有表現出愉快的樣子，她就會覺得不安全。她的母親遭到孩子忽視或敷衍，而丹妮耶也害怕如果表現得「不夠隨和」，她也會被拋棄。直到她發現自己嫁給一個總是在生氣，而讓她能免於表現任何負面情緒的男人，她才開始檢視自己的「好女孩」感受模式從何而來，離婚幫助她找到自己的聲音。

憤怒忌妒的母親

以前世代的許多母親在社會上幾乎毫無權力，覺得受丈夫忽視，被女兒排斥。於是她們對自己在家庭和社會上都缺乏地位控制權感到憤怒，並忌妒她們女兒被偏愛的角色和擁有的潛能。她們的憤怒對於女權運動也有貢獻：擁有憤怒忌妒母親的爸爸的乖女兒們發誓絕對不要變得像她們的母親，因而努力去獲得她們的父親所掌控的權力。

以下這則例子裡，母親有兩個強大的對手和她競爭丈夫的愛：她的女兒與她的婆婆，兩人都激起她的忌妒與憤怒。女兒則學會操縱兩個成年女人之間的競爭，藉此誘使她父親遠離她母親。

伊莉莎白白天是銀行員，晚上則是喜劇演員。她是個能言善道的漂亮獨生女，有一頭金色長髮。她的父親是一位派駐國外魅力四射的英俊外交官，對她從小備加寵愛。從她很小的時候開始，她父親就把大量心力灌注在她身上，而對他妻子視而不見。伊莉莎白仿效她父親，也對母親視而不見，經常拒絕聽她的話，卻又在父親面前表現得像個完美的淑女。這對母女從很早就變成死對頭。每次母親說：「你等著看你爸爸回來，」伊莉莎白就會熱切地在房間裡等他。等他出現，她就會說服他一起去散步，並在散步時講很多關於她朋友的故事讓他開心，使她母親的委屈顯得微不足道。她父親從來沒認真看待她母親的抱怨，這更鼓勵了他們之間的結盟。她父親只會對伊莉莎白眨個眼，而她母親就看出這樣的共謀，覺得自己被貶低，又充滿怒氣。

伊莉莎白的奶奶鼓勵她對母親的叛逆，讓情形更加惡化。奶奶一直覺得是伊莉莎白的母親把她最愛的兒子從她身邊偷走。伊莉莎白說：「她以前常說如果我們可以把爸爸從『惡龍女士』那裡救回來就好了。」伊莉莎白很早就學會怎麼操縱別人，就像她自己也在這些成年人的情緒劇中被利用一樣。結果是，伊莉莎白成年後的自我認同也因為她的自我中心、為所欲為，以及無法她在人際關係中妥協之中受到侷限。

伊莉莎白在哈佛大學時主修數學，因此她用幾何學的原則來形容她跟她的父母所經歷的三角關係。她說：「三角形是由三個點所構成。對我而言跟天一樣大的父親是其中一個點。而跟他正切的，實際上相接的，就是跟他一個模子刻出來的我。在另一邊，則是一條直線，因為一個三角可以是一條直線，那條直線就是我母親。她就在我父親正對面，很遙遠的距離之外。」

很不幸地，伊莉莎白的領悟一直都停留在理論。她不願意放棄對父親的理想化形象，因此無法探索自己的情緒。在三十出頭時，伊莉莎白經歷兩段失敗的婚姻，而且難有親密的女性朋友。這樣的爸爸的乖女兒仍認為女性是負面的、無用的，而且仍擅長操縱男人來得到她所想要的。她會持續跟父親綁在一起，跟他一樣厭女。貝蒂·卡特就寫過這樣的女兒「會變老，卻永遠不會長大。」[5]

消極的母親

在前面的人物描繪裡，父親通常都被認為是家中那個比較吸引人的、形象正面的成員。他們歡迎女兒的感情，因此被女兒偶像化。現在我們要看的是嚴苛的、控制的父親跟丈夫，以及用消極態度對應的母親。

這種父親通常以侵略性的方式控制妻子與其他孩子，但對他鍾愛的女兒則例外赦免。爸爸的乖女兒首先免於面對父親的憤怒，她會覺得母親才是有錯的人，認為母親脆弱又無用，厭惡她的消極，而對她及其他一般的女性都變得很苛刻嚴厲。爸爸的乖女兒既享有父親偏愛的地位，就絕對不會認同母親，轉而會選擇擁有權力的父親。她甚至會內化父親展現或宣洩在她母親、其他家人或朋友身上的冷酷特質。爸爸的乖女兒不但不會站出來面對控制的父親、質疑他的憤怒，反而學會安撫他，因此讓他的權力完好無傷。

以下這個例子，父親的憤怒主要發洩於妻子身上，妻子因此藉由酗酒來逃避。她女兒雖然乍看整個童年都和父親站在同一陣線，實則卻內化了他對母親的虐待，之後轉為對自己的虐待。

羅倫是個三十九歲的護士，她自認是爸爸的乖女兒，即使她父親是個暴君。他在當地郊區的社群中是位知名醫生，在個人的家庭生活中卻以憤怒控制著全家。每當晚上車庫門拉起的聲音響起，家裡每個人就會立刻跳起來逃到家裡各個角落。連羅倫患有自閉症的哥哥聽到車庫門的聲音都會躲起來。當其他家人都四散奔逃時，羅倫則會去大門迎接父親，試著安撫他滿腔的怒氣。

「媽媽受不了他回家，所以就喝酒，」羅倫說。「他對每件事都會大吼大叫。我們做的任何事他都看不順眼。只有我能讓他冷靜下來，但也撐不了多久。」

「父親總是抱怨母親喝酒，但他其實從來沒有真的希望她停止。他會斥責她不能像鄰居太太那樣堅強，可以過著『自律』的生活。但是他每晚在倒一杯酒給自己之前，都會先倒一杯給她，等她變得醉醺醺，他又勃然大怒，罵她軟弱又沒用。如果她停止酗酒，就可以有自己的生活，但他更寧可她這麼脆弱，因為這樣他就掌握了權力。」

羅倫過去從來無法表達她對父親的憎恨，直到成年後她才想要保護母親。數十年的憎恨已經轉變成哀傷。由於哀傷了很長的時間，使她無法在任何情況下生氣，而且她的一生都在照顧別人。她沒有試圖去滿足自己的需求，而是藉著對別人付出來保護自己的安全。她的朋友說她把付出跟愛混為一談，她一直沒有結婚，對待生命中的所有男人都如同對待兄弟。

羅倫內化了她父親控制的聲音，她是對她自己的暴君，要求完美，而且無法將自己跟父親的否定分離。她想要學習針灸，但父親一直批評她對另類醫學的興趣，他貶抑任何在他知識範圍外的方法。她發現自己時常質疑自己的選擇，也很難在她工作的醫院裡對醫生堅持自己的立場。她說：「當有人貶低我相信的事物，我也很難挺身而出。這可以追溯到我的父親。醫院裡每個看不起我想做的事的醫生都是我的父親。那不只是某個人而已，而是力量強大的某個人。」

羅倫因為恐懼父親的否定與怒氣，連在夢裡都無法發聲。她在治療裡開始檢視她跟父親的關係時，做了下面這個夢：

我在假期時去探望父母，然後在父親的房子裡生產。那感覺好真實——湧出溫熱的血、滑溜溜的觸感、依舊相連的臍帶。我躺在那裡撫摸著寶寶，想說寶寶應該還太小，活不下來，因為我根本沒有真的懷孕。我擔心床單上沾滿了血，但我想可以藏起來不讓父親看到。寶寶動也不動，我終於鼓起勇氣把她抱起來仔細看。那是個女寶寶，長得很完美，全身乾乾淨淨，穿著一件小上衣，包著尿布。但她臉色發青，我一看著她，她突然臉色轉為粉紅，睜開眼睛，開始大哭，彷彿她的生命突然開始了。我瞬間被排山倒海的驚恐籠罩，害怕父親會聽到她的聲音。我想也不想就把拇指輕輕放在寶寶的嘴巴上，要讓她安靜下來，而就在這一刻，所有生命消逝了。她臉色轉青，死了。

在這個夢裡，羅倫生出了自己的自我認同，但想到她父親會發現，她就立刻陷入驚慌。她壓制這個寶寶聲音的同時，也殺死了她。她說：「我殺了這寶寶，以免被父親發現。然後我想到我住的地方離他三千英里，我應該很安全，不會再受到他的宰制。」羅倫跟很多爸爸的乖女兒一樣，將父親的聲音內化到她甚至無法滿足自己最根本的需要。

在這些關係裡，父親都扮演著主宰的角色，決定家庭裡的情緒表達範圍，而母親則一直毫無用處。每個女兒都與父親結盟，而跟母親疏離。到這裡我們應該很清楚看到，爸爸的乖女兒以及她們的父親都不會只有單單一種類型。這是你閱讀本書時必須謹記的一點。爸爸的乖女兒會因為過度認同父親而發展出各式各樣的行為與情緒反應，不過大致而言，她們都會否定自己的感受。

丹妮耶的父親被認為是正面的、有吸引力的，而她母親不是處憤怒就是憂鬱。丹妮耶學會只表達令她父親覺得舒服愉快的情緒，至今她仍在掙扎如何因應如憤怒跟哀傷等相較黑暗的情緒。五十三歲的她才剛開始表現出自我認同的整個範圍。

伊莉莎白的父親是位很有魅力的，擁有政治及經濟實力的男人，他的母親、妻子與獨生女兒都圍著他打轉。伊莉莎白學會了操縱父親並令母親黯然失色。她學到說什麼話能讓男人注意她，直至今日她仍會在一群女人當中以忌妒的心態守護自己的地位。

羅倫的父親用他的怒氣控制全家人，而她酗酒的母親則無力反抗他。他的存在是羅倫學會必須安撫的危險力量。為了存活，她變成一個「好女孩」，壓制自己的感受，以及她的欲望和需求。她必須放掉對父親的認同、以及父親對於她為自己人生做選擇的否定，才可能獲得解脫。

每個女兒對於自己的父親，也就是她注意力的焦點，都有一套不同的行為模式。她可能變得很溫柔、善於操弄人心、工作狂或一直在照顧別人，但是在每一種情境裡，爸爸的乖女兒都學會哪些情緒是可以表達的，哪些情緒必須加以否定或壓制，她的身分認同的發展因而被她父親准許她感受的情緒範圍所限制。

第三章

父親的乖女兒與性

父親被認為應當教育女兒如何當一個女人，也就是如何愛男人，如何服侍他們跟利用他們，跟他們一起生活，以及如何以得體的方式慾望他們。一個好的父親會好好教養自己的女兒，這樣等到她二十歲左右，他就能把打理拋光到亮晶晶的她交給另一個男人。但我父親拒絕這麼做。或許他從來不打算把我交給另一個男人。

——雪莉・艾伯特（Shirley Abbott），《賭注登記人的女兒》（*The Bookmaker's Daughter*）

讓女人脫離父親獲得自由的，不是她們的母親。她們在女兒尚未覺醒時就離開了她們。

——卡洛琳・賀布魯（Carolyn G. Heilbrun），《寫一個女人的人生》（*Writing a Woman's Life*）

一個女兒會從與父親的互動中學到關於女性的許多層面。她對自己的女性性徵有什麼感覺、她會在男性面前有什麼行為，以及她預期男性將怎麼做，都有很大程度來自她與父親的互動。她會學習以女性的身分讓父親感到開心，並從他的反應中，學到如何取悅一般的男人。[1]如果她感覺與父親相處是安全的，相信他絕對不會傷害她，那麼她就會對自己的性發展感到自在。

被問到對父親最早的記憶時，許多爸爸的乖女兒都提到「他的味道」、「他感覺好巨大」、「他很溫暖」、「他的胸膛」、「靠近他的身體就會覺得很興奮」。她們對父親的身體都有種發自內心的渴望，渴望被懷抱、被愛。這種對父親身體的渴望就是女兒最初性慾感覺。

一位女人描述到她父親的手多大，還有她多麼喜歡他握著她的下巴或撫摸她的頭髮；另一個女人記得自己三歲時坐在馬桶上，看著上身赤裸的爸爸往臉抹上泡沫並刮著鬍子。她對「他身上閃閃發亮的金色毛髮」深深著迷，整個人沉醉在回憶裡；一位女人記得自己嬰兒時期躺在爸爸的肚子上，被爸爸胸膛起伏的韻律安撫著睡著；另一位女人回憶說她記得曾爬上床擠到她父母中間，依偎著她父親，感受到一股她長大後認為只能描述像性慾的電流；還有一位女人回憶起跟爸爸一起洗澡，在看到他赤裸的身體時同時感到好奇與困惑。

極少女兒會承認她們年幼時期對父親有著無意識的性慾感覺，大多數人對此可能都極為反感。但是許多女兒成年後都記得曾做過關於父親的性的夢，醒來後都有錯綜複雜的感受，對此也感到驚訝。其他女人，例如我自己，則是強烈地感到受父親吸引，但不是性慾的感覺，而是受他們的權力或創造力吸引。童年時期女兒會被父親吸引是自然而健康的，尤其是如果父親不超過正常父女關係應有的界線。他是她最初的愛，而經由他相對應回報的愛，她也感受到自己是被欲望的，這種父女之間正面的經驗是她未來親密關係的基礎。

在童年時期，爸爸的乖女兒對父親的渴望經常會排除媽媽，就如我們前面看到的。我永遠記得我女兒海瑟一歲兩個月大時，有一次跟她爸爸在沙灘上散步，那時她顯得多麼活力充沛。那個星期天早上，我們帶著她跟她哥哥一同去海邊，讓才學會走路兩個月的海瑟學習在沙灘上走路。她穿著一件印花長洋裝，是一九七〇年代早期的款式，印滿了小小紅色的玫瑰花苞，裙邊裝飾著蕾絲，她細緻捲曲的黑髮上綁著的紅色蝴蝶結在海邊微風中飛揚。一開始她對腳底下的新土地顯得小心翼翼，她爸爸在前方跑了幾步，跑進一個突起沙丘的柔軟的沙堆。他轉過頭，對她展開雙臂，叫她的名字。她抬頭看著他的臉，開心地尖叫起來，毫不猶豫地飛奔過沙灘衝進他懷裡。他把她高舉起來，兩個人都咯咯笑個不停。那一刻，他們之間深刻的愛彷彿凝結在時間裡，那種父親跟女兒之間的交流是身為妻子與母親的我永遠不會體會到的。

我看著他們，想起了我只有在父親面前會感受到的，同樣的被愛、被喜悅地接納懷抱的感覺，也想起了在我模糊的印象中母親的角色總莫名地被排除在外。我知道她可能在場，但小時候的我將她從我的知覺中剔除了。在我記憶中，那時就只有我跟爸爸，當我們搬到紐澤西州的郊區時，我只有三歲。我記得我們在黃昏時抵達，而父親把我從一輛老舊的綠色帕卡德車的後座抱下來。當時我半睡半醒，他抱著我走上門口的階梯，我被抱在他肌肉結實的強壯手臂裡，覺得很安全，而且我很興奮可以這麼靠近他。我感覺自己像是公主被帶進一個新城堡裡，或是一個新娘回到家。而我母親對我而言只是門口的一個影子。

父親幫助女兒跟母親分化，在過程中她對他的認同也扮演了重要的角色，幫助她演化出愛他人的能力，她成長過程中的一項發展任務就是要消除她對父親的最初依附，將她的愛轉移到其他男性身上[2]。父親也要願意對女兒放手，讓她可以自由地去愛他人。榮格分析師安德魯・沙繆斯（Andrew Samuels）認為父親對自己的女兒有雙重任務：「父親最早的播種幫助了創造出女性的身體。他的第二次施肥則會協助孕育出成年的女性，讓她在需要時拋下她的父親。」[3]

父親的乖女兒必須將父親從自己的理想化標的轉化成凡人。這個過程通常從青春期時開始，如果她沒能做到，她就可能在成人後仍繼續崇拜他，依賴他，而無意識地將自己的性慾連結到他身上，或者她可能會覺得自己能跟他分化的唯一方式就是排拒他，但這兩種回應都會影響她長久而健康地體驗自己的性慾。

青春期之於女生是一段變動不安的時期。大多數女生會對於自己胸部開始發育，月經初潮，還有其他性成熟的各種徵兆感到不安而尷尬。爸爸的乖女兒對於父親如何回應自己的性徵出現特別敏感。她會擔心一旦自己不再是爸爸的小女孩，爸爸是否還會一樣愛她。她會希望自己的身體在同年齡的男孩子眼中有性吸引力，同時卻也不想失去父親的愛。

爸爸的乖女兒對於父親如何評論自己的身型、體重與外表尤其敏感。有些女性直到成年都對自己身體有負面感受，經常是源自於父親有欠考慮的嘲弄。相反地，父親對自己女兒的健康愛慕會幫助她接受自己正在萌芽的性徵是正常且被喜歡的。這會讓她有自信，相信當自己準備好進入一段關係時，她對一個男性是有性吸引力的，而且知道父親准許她這麼做會使她更感到安心。

身為安全模範的父親

父親可以用持續而保護的態度、清晰的溝通、關注以及「適度的感情」，而跟女兒發展出親密且健康的關係。她需要在父親身邊感覺安全，她需要知道他不會在情感、身體或性方面傷害她。對自己的性狀態感到自在的父親會讓女兒成長在將性愛視為正常事物的氣氛中，因此她能認為自己的性成長是健康的發展，而不是對他的威脅，這樣的父親就是安全的模範，能支持女兒跟青春期奮戰。他會關注她與男孩子的關係，願意傾聽並給予建議，但不會過度干涉，他不會不請自來地進入她的房間、評論她的胸部大小，或對她有不當的觸摸。這樣的父親也不會像某些父親驚恐地迴避她身體上的變化，只關注她在智性或體能上的成就，而是會注意到她的性發展，並加以肯定。

珮特是位六十歲的醫生，成長在每個人都對自己身體很自在的家庭裡。在她家裡，大家對於裸體有種很放鬆的態度，而她一直不覺得這有什麼不尋常，直到她離家去讀住宿學校而看到女生們都在衣櫃裡換衣服。她對自己的身體很自在，別人的害羞令她感到困惑，因為性在她的家裡從來不是一個禁忌的話題，甚至根本就不是什麼特別的議題。

「我父親跟我無話不談，」珮特說。「我們沒有對性談得特別多，但是當這個主題出現時，我們的對話也很自在。我父親很溫暖，很感性，也不會比我認識的任何男人不性感，但他對我而言不是這樣，我們的關係完全沒有那一面，其中沒有任何一點性慾的成分。我們兩個都是對性很敏感的人，所以如果有任何弦外之音，我一定會感覺到。我最後一次坐在父親的大腿上，是我二十四歲時，當時我被一段不幸的愛情傷的很重。他擁抱我，說一切都會沒事的。」

珮特跟父母都有很健康的關係，而她父親也不需要她來滿足他在情感上的需求。他的情感需求能在他跟妻子的關係裡獲得滿足，而他太太曾參與婦女參政權的運動，是位非常強大而獨立的女人。但許多爸爸的乖女兒面對的處境通常不是這樣，如同我在第一章提到的，爸爸的乖女兒經常會變成被父親理想化的妻子。

理想化的父親跟女兒的性

爸爸的乖女兒會把父親理想化為完美的男性。等到她成為青少女時，她已經內化了這個完美男性的形象，等到她成年後，她會進一步將這形象投射到交往的男人身上，並以此評估婚姻的可能。當然沒有任何男人能滿足這個投射的形象，因為它真的就只是幻想中的理想。[4]

由於爸爸的乖女兒跟父親之間的連結太過強烈，她經常會擔任起父親的理想妻子的角色，尤其是一旦她父母之間的性關係或情感關係有所損傷的話。一個父親無法與妻子有健康的性關係可能來自許多因素：他自身的性心理發展、他與自己母親的關係、他對女性的感覺、他在性方面的障礙、工作上面對的壓力等。又或者他妻子也有關於性跟親密方面的問題，如果她拒絕她丈夫，他就可能選擇女兒的陪伴跟關注，他的女兒將成為他的密友，他會和她傾吐工作上的事、他跟妻子之間的問題，甚至是他對其他孩子的憂慮。

女兒受到偏愛的地位會帶給她虛假的權力感、過多的責任，而且最終會帶給她深刻的罪惡感。當她成為父親的密友時，她等同於被剝奪了正常的童年與青春期。這些對話之於女兒而言確實有價值，因為她會從中了解工作的世界、男女關係、為人父母以及她父親的感受，但是她與父親之間的親密信任會給她過度膨脹的重要感與地位，而這些應該是要保留給妻子的。

父親與女兒之間的祕密、討論，甚至爭執，會取代並淡化在他們關係中禁忌的性能量，而提供一種可以取代性親密的親近感。

一個當事人回憶道：「我記得我『愛上』我爸爸的感覺，那感覺應該是保留給男朋友的。我們之間從來沒有發生過任何性的行為，但我對他卻有性的感覺，這些回憶讓我覺得很厭惡。他已經過世了，但在我心中他對我仍有控制力。」

爸爸的乖女兒對於自己受到偏愛有罪惡感，同時也會感到不知所措。她進入了一個不應該存在的婚姻，得到本來應該屬於她母親的待遇，因此變成了「第三者」，最終她被剝奪了跟母親的親密關係，失去了為她滋養女性層面的導師。這樣的母親無法支持女兒正在萌芽的性，因為這會對她身為妻子的地位造成儘管不易察覺、卻更進一步的威脅。

雀喜是位有魅力的三十出頭的女人，有著栗色的長髮，在出版界有很成功的事業。在她八歲時，她母親重回學校讀碩士學位，因此晚上經常不在家。雀喜跟父親發展出很親近的關係，總在他很晚回家吃飯時坐在他身邊，聽他講一天發生的事。她成為他的密友。雀喜十三歲時開始意識到她父母的婚姻遇到很多困難，但她父親從來不承諾，而是選擇視而不見。她母親後來因為讀書的關係越來越少在家，後來又開始教書。

「我變成了妻子，」雀喜寫道。「父親對我講話的方式越來越成熟，而且他期待我的行為也像個大人一樣。但是我根本還不成熟；事實上，我很叛逆而且故意找麻煩。那段時間我確實很困惑，因為他對待我的態度像我是個該負責任的大人，但他卻又對我發展中的性徵感到不自在。他從來不喜歡我的任何一個男朋友，也不希望我喜歡他們。他毫不掩飾地批評他們，而且說他們都只想要強暴他的女兒。」

「記得有回我跟父親去一間家具行，要幫我的房間買一個抽屜櫃，結果店員以為我是他太太（我的外表看起來不只十三歲）。但我父親完全沒有跟對方澄清。我覺得自己很骯髒、很丟臉、很愧疚，而這些錯綜複雜的感覺在我整個青春期都持續存在。我十六歲時，父親帶我去吃晚餐慶生，他點了一瓶酒給我們兩個人喝。可以得到他全部的關注感覺很棒，沒有人比得上他。而直到我二十一歲時，我才明白他給我的那種關注是錯誤、自私的，那感覺像是情感上的亂倫，於是我變得對他極度憤怒。」

雀喜開始接受心理治療後，曾邀她父親去吃飯，跟他說她覺得他們在她青春期時的關係很不適當，而現在他們關係中的某些事也讓她覺得不自在。她以為他們可以開誠布公地對話，但他根本不懂她在講什麼。他很懷念她還是他的小女孩時的美好舊時光，於是她明白父親還沒準備好放棄對她的幻想。

「我現在跟父親喜歡的一個男人訂婚了，」她說，「他對吉姆的態度是有史以來最好的。他看得出來吉姆愛我，而且我們對彼此是認真的，但他還是沒有看到真正的我，而我也難以期望他終究能看到。我希望等我結婚，生了小孩，就能強迫他看到相信我是個成年人了，但我不認為他終究會審視對我的幻想，接受自己真實的樣子，並明白事實上我們是完全分離的兩個人。」

當一位父親拒絕讓女兒成長到超越他對她的幻想，他們就很難有成熟的關係，如果爸爸的乖女兒持續認同父親的價值觀以及他期待她的樣子，她就無法確知自己究竟是誰。她會需要在心理上，甚至是空間距離上離開父親，才能發展出自我意識，雀喜搬家到距離父親三千英里以外的地方，才開始了她分化的過程。她覺得父親控制她人生的欲望一直籠罩著她，她必須為自己建立職業上的身分才能跨出第一步，開始感覺與父親分化。

如果一個女兒曾經與父親有很強烈的情感連結，可能會把自己的性能量轉為對成就與成功的追求，而非轉移到一段愛情關係上，她在情感上和性上都被迫停留在她承擔了父親的妻子角色的年紀，但是她很難認知到她跟父親的關係與她在情感或性方面的不成熟有任何關連。她可能在內心深處隱藏著對父親的厭惡，她會否定父親仍舊在她生活裡有重大的影響力，但只要他出聲召喚，她就會飛奔而去。5

爸爸的乖女兒在發展親密關係上的困難之一是，與父親比較起來，任何一個男人都會令她失望；她永遠無法找到任何人可以取代她與父親的理想關係。她可能會被與父親相像的男人吸引，但他們都無法達到她的期望。又或者她會挑選一個完全不像她父親的對象，希望避免比較。有意識或無意識地，她都會覺得與父親相比沒有男人夠格擔任她的伴侶。我們在第二章見過的伊莉莎白說：「我太把父親理想化，而且大家都知道。我不是在找像父親的人，我就是在找他。我的兩位前夫都知道他們永遠都比不上他，而當這點變得過於明顯，太讓人痛苦時，要做出離開那段婚姻的選擇就變得很輕易。只要我打電話給爸爸，他就會解決一切。」這或許是個極端的例子，但確實有這樣的父親，享受著在女兒的人生中所佔有的最重要地位，而且完全不想讓出位子。

榮格分析師琳達．雷納（Linda Leonard）描述一個女兒與理想化的父親的連結，可能就像一個女人會跟自己想像的「幽靈愛人」的連結。這樣的女兒會固著於自己的父親，忠於這「理想中的丈夫」，即使她父親可能大多數時間都缺席。[6]在歷經幾次失敗的關係後，她可能會認定自己永遠找不到跟她父親一樣的人，就決定保持單身或屈就於一個跟父親根本沒得比的愛人——不論男女，這樣一來她無意間地就對自己跟父親保證了他永遠不會被取代。

我們在第二章提過的露亞嫁給了一個在智性上很有能力的男人，但他並沒有如她父親那樣的活力、外表、運動天分或創造能力，露亞的父親不贊同她的選擇，但她知道他不會贊同任何不是和他同一個模子刻出來的對象。

「我記得爸爸說：『看來你對這傢伙很認真。』我說我是，他就回答說：『我只能說，他不是舉世無雙。』」

露亞知道父親認為她的男友很平凡普通，不會有多大的成就，她也知道她永遠不可能找到跟她父親一樣的人。

「有很長一段時間，父親就是我的白馬王子，」她說，「我讀到琳達．雷納的書寫到幽靈愛人時，就發現我永遠不可能找到比得上我父親的人，那我乾脆就別煩惱了，所以這個問題之於我就解決了。某程度上，他已經非常符合我的條件了，沒有人能達到這個程度。亞當的個性比較不那麼陽剛、不那麼嚴格，那也是我嫁給他的原因。」他們的婚姻維持了十一年，之後露亞選擇愛上了一個女人。

在我執業的臨床經驗上，我發現許多爸爸的乖女兒的性慾狀態自她們成年後仍無意識地持續連結在她們的父親身上。這樣的父親對女兒的性發展可能有很多不同的反應——加以壓制、以智性的對待將其中和、對此忌妒，或加以侵犯，但不論是何種反應，他都沒能給予足夠的支持，幫助女兒建立健康的性發展。

壓制的父親

與安全模範的父親不同，對身體壓抑的父親可能會限制女兒跟男孩子的活動，對她的身體加以嘲弄、評論、表現憤怒、無時無刻感到緊繃焦慮，而對女兒萌芽中的性發展帶來破壞性的影響。[7]他本身的性慾受到壓制，所以也會連帶對於女兒探索自己的性本能感到驚恐，他的恐懼會導致他去評斷她的行為哪些是可以被接受的。他也可能會意識到自己被女兒吸引，並對此感到反感，因此他會與她敵對，或引述聖經的章節語句來逼迫她屈服，藉此昇華這種感覺。

希薇亞是個很性感的四十五歲女人，外表看起來比實際年齡小十五歲，她是個作家，也是單親媽媽。她說：「我父親很有吸引力，但他對自己的性吸引力很不自在，他認為性是複雜、祕密的，也是一個禁忌。他認為我不應該有性的感覺，他很害怕我會因此做些什麼。他的憤怒是壓抑而偏執的，我十三歲時就發現父親因為我變得有性徵而感到憤怒，那段時間我們的關係很火爆，他會跑到街上來，為了抓到我跟我朋友在一起，我們看到他就會跑掉，在他背後偷偷摸摸是讓他抓狂的方法之一。我現在才明白我們其實是陷入一場追求與壓抑的性遊戲裡。」

對壓制父親的女兒而言，青春期是很令人困惑的時期。她曾經熱愛而尊敬的父親突然變成控制她的獄卒，女兒會感受到父親不讚許她的性發展，因此學會加以隱藏或反叛。成年之後，她可能不敢展現任何情緒的或性的感覺，又或者她會挑戰別人，要求別人必須接受她的性吸引力。

以智性理解中和的父親

以智性來中和性感受的父親是在智識上對女兒有佔有慾，因此會避開有關女兒身體的危險區域，根本上他是在女兒青春期時，將她的性發展中性化。他仍舊想與女兒有親近的關係，所以把對女兒的任何性的感覺加以忽視或引導到別處。他不像壓制的父親用規矩、宗教或敵意來控制他的女兒，智性化的父親看起來會是溫和而關注地投注大量注意力在女兒的智性發展、藝術發展或他們彼此的共同嗜好上，也就是把她當成兒子對待。

女兒會意識到父親對她萌發的性徵感到不自在，也會無意間認可這是對他們關係的威脅，她開始認為自己的性發展是危險的，而否定自己對男孩子的吸引力。她會看不起「花癡」的朋友，逃避約會，並穿著寬大的衣服來隱藏自己發育中的身體，她「超越」這一切。

她的父親會在她青春期時，跟她辯論或爭論，把注意力集中在她的心智發展上，他們之間的火花會是智性的或創造性的，非關性慾的，情色的感覺昇華為智性的交媾。她認同他的智性或藝術能力，而避免了禁忌的性的感覺。接受自己可能對父親有性的感覺是變態的，所以她會否認任何性的感覺出現，這種爸爸的乖女兒的性發展就會因此停留在青春期，往後她面對所有男性都會從智性的理解出發。

「我跟我父親的關係是以思想的交流為基礎，」瑪莉安說，「就是我所謂的『性感的腦袋』。我的性慾被過度的智性化影響。我父親會說：『你好聰明，你什麼事都做得到。』他也會說：『你穿這樣很漂亮，頭髮也很好看。』但是前面那個訊息要清晰強大多了。」他對她暗示的訊息就是她的外表還不錯，但對他而言更重要的是她發展出強大的頭腦。

結果是，瑪麗安發展出一套將自己的性徵中性化的模式，而把她遇到的所有男人都變成朋友。「我和我父親互動的方式變成我的化妝的一部分，」她說，「是我消除自己性徵的方法。直到我三十歲出頭時，我都還很害怕性愛、男人的性慾，以及男人的性力量。在某方面來說，我算是用心智生活來補償，我變得很投入東方的宗教，而在我二十到三十歲的年代裡，有些時期我根本不在乎性。」

成年之後，瑪麗安和她的老闆發展出的職涯關係幾乎復刻了她與父親那種性感的智性關係。她是她老闆的愛人、情婦兼密友，雖然他們之間從未發生過任何身體上的接觸。瑪麗安維持著她的純潔，但工作上的所有人都很羨慕她和老闆的關係，如同母親和妹妹羨慕她與她父親的關係。

忌妒的父親

忌妒的父親會在女兒青春期時迫使她做出選擇，而這可能讓她此生對自己的性慾都感到不自在。這樣的父親無法忍受把自己最愛的女兒拱手讓給另一位男性，所以命令她得在他們之間做選擇。他基本上是在說：「你可以選擇你的男朋友，或繼續忠誠於我。你不可能兩者兼得，如果你選擇他，你就會失去我的愛。」這兩個選擇都是強人所難的。他的忌妒製造出進退兩難的束縛：如果她保持忠於父親，她就永遠不可能跟另一位男人維繫一段滿意的親密關係；如果她想與另一人體驗性，她就會失去她父親。

芭芭拉是一位表演藝術家，父親的個性正面隨和，來自北歐半島的母親則冷淡疏離。她父親在當地的企業與政治社群裡很活躍且富有權力，芭芭拉很愛他。他是她生命中的光，跟他在一起總是很開心，完全不同於她經常憂鬱陰沉的母親。

芭芭拉是個典型的「好女孩」，永遠都循規蹈矩。她不只在校成績優異，還是廣受歡迎的學生領袖，父親給予她很多的關注及肯定，並提供她想要的所有東西。他們的關係一直很完美，直到她的青春期晚期。

那時候芭芭拉愛上了一個比她年紀大而且顯然富有性吸引力的男孩，她父親強烈反對，並警告芭芭拉不准再跟他見面。這是芭芭拉第一次聽到父親對她說不，她為父親的堅決感到震驚。他們一向能理性地對話，化解彼此的歧見，但她父親對這件事完全不讓步，即使面對她的淚水也不為所動，說如果她選擇男友艾德，他就再也不理會她，以後和她毫無關聯。她無法冒這個險，她說：「我跟父親比跟我母親親近多了，我承受不了失去他。失去他就等於失去一切。」於是她切斷了跟艾德的關係。

經歷這件事後，芭芭拉陷入了一年半的嚴重憂鬱。讀大學時，她嫁給了父親贊同的一個男人，但她父親不久就過世了，這段婚姻維持了十七年，但她始終沒有真的進入這段婚姻。她說她覺得自己像個流浪者，「迷失在一個迷宮裡，跟我自己分離。」她從那時候開始就一直跟男人維持著三角關係，選擇一個可以有情慾關係的愛人，同時還有一個穩定的伴侶。她說：「我似乎無法打破這樣雙重伴侶的狀態，而去找一個同時擁有兩者的男人。」

就像在少女時期被冥王黑帝斯（Hades）綁架到冥界的神話人物波瑟芬妮一樣，芭芭拉對這世界的天真看法在她父親威脅要收回他的愛時，就被她父親綁架了。原先她人生的一切都如此閃閃發亮，她是最受寵的孩子，然後突然她的世界天翻地覆，不再陽光燦爛、安全無虞。她本來如此信任她的父親，但他背叛了她，他已不是那個看起來完美而深愛她的父親，得到他的愛是要付出代價的，要用她全部的情感上與性慾上的忠誠來交換。他迫使她選擇將自身的性感受標記為危險的禁忌。當一個父親要求女兒在自己的性情感與他的愛之間做出選擇，她的性情感不是被壓制，就是會強烈發作，宣洩在像黑帝斯這樣黑暗危險、熱愛冒險的亡命之徒型的男人身上。不論是哪種情形，這女兒的性慾都會跟她生命中其他部分分隔開。性的壓制會讓她的內在分裂，因為她將無法接觸到這股重要的、獨特的能量。叛逆地發揮性慾則會導致她扮演雙重角色：她同時會是最標準的良家婦女，又是最狂野的勾引者，藉由選擇父親絕不會贊同的愛人來報復父親。

芭芭拉寫了以下這首戲劇性的詩，來表達當她完美的父親摧毀了她心中的理想時，她內心發生的事：

在我小時候，我認為我父親是完美的，
他做的每件事都是對的，
他不僅超乎尋常地愛我，他讓我予取予求並獎勵我所有追求成就的努力，
像對男孩子地教導我，像對女孩子地對待我。

　　過來跟我臉貼著臉，
　　那感覺美妙無比。

他是喪禮承辦人，
殯儀人員的委婉稱呼。

他處理哀悼與死亡，
他是個有頭有臉的中產階級業者。

過來跟我臉貼著臉，
那感覺美妙無比。

我回報他所有夢想，
直到我發現了愛與性。
對我較年長的、天主教的、粗野不馴的、性感的男友歐斯底里，
我母親搧了我一巴掌，
他們倆人送我離家去讀書。

過來跟我臉貼著臉，
那感覺美妙無比。

最終在一個命定的夜晚我如此熱愛的父親對我說，

「如果你再跟艾德見面，就不要再當自己是我的女兒。」
我被徹底擊垮但內心沸騰，
我感覺彷彿被魔咒罩頂。
過來跟我臉貼著臉，
那感覺美妙無比。[8]

芭芭拉的父親像個忌妒的愛人大發雷霆，像對待妻子那般對待她。芭芭拉的母親在情感上跟丈夫很疏離，所以芭芭拉的父親就把全部的愛與關心都灌注在女兒身上。他把女兒放到妻子與愛人的角色上，因此他對女兒對象的忌妒超越了親子關係的界線，這在本質上是心理層面的亂倫。[9]雖然心理上的亂倫不會留下如身體亂倫的創傷，但它會打造出親子間異常堅固的連結，對他人打從心底的不信任，同時破壞孩子的自我發展。有很長一段時間，芭芭拉都意識到她父親在她人生前幾十年對她的完全控制至今仍使她成年後難以擁有正常的、健康的性生活。就和許多爸爸的乖女兒一樣，她到現在仍很難在與男性的關係中同時滿足親密及自主的需求。

跟露亞一樣，很多爸爸的乖女兒可能會發現自己被一個「幽靈愛人」綁住，無法找到一個足以和父親媲美的男人，或者她可能一直追尋一個強大的男人，以便重現她身為父親理想化妻子時的強烈感受。相反地，她也可能排斥她與父親之間的情感依賴模式，但在選擇配偶時卻又以偽裝的形式複製這樣的模式。例如：壓制父親的女兒可能會選擇一個看起來對自己的性慾很自在的伴侶，但後來卻發現這種自在只是偽裝，用來掩飾強烈的性緊張。智性父親的女兒可能會選擇讓她有滿意性關係的男人，但又責怪他無法給予她智性上或創意上的刺激。忌妒父親的女兒可能會選擇一個容許她有個人自由，但又不可能讓她感到安全被愛的男人。或許爸爸的乖女兒最常反覆出現的問題是，她會認為與父親的結盟等同於親近，因此後來也會認為跟其他男人結盟就等同親密。[10]她對於真正的親密所知甚少，不知道如何和一個同儕分享她的脆弱，因為她跟父親的關係不是同儕的關係，她的父親永遠擁有更大的權力。

把女兒交出去……或者絕不

父親在婚禮上「把女兒交出去」的儀式，讓所有人見證到父女之間的緊密連結，以及切斷這連結的必要性。英國教授琳達．布斯（Lynda Boose）寫到：「婚禮的真正意義其實不是新郎跟新娘的結合（這在新婚之夜才會發生），而是讓女兒從父親身邊離開。從這個儀式劇本的結構動力來看，西方傳統一直都認定父女連結有種特別的力量，所以需要召喚特別的力量才能將其斬斷。」[11]

從原型的層面看來，新郎的家庭跟新娘的母親都不重要；真正的戲劇發生在父親與女兒之間[12]。父親牽著處女之身的女兒的手，帶她走過禮堂的走道，來到在祭壇前等候的新郎面前，他掀起她的頭紗，最後一次親吻她的臉頰，然後他將她的手（同時推定包含了她的性）交付給一個相較年輕、陽剛的男人，而且她還可能選擇從此跟隨他的姓氏，然後父親在祭壇前回頭，回到聚會的人群裡，所有眼神都轉向年輕的這對男女。

女兒的婚姻是他的損失，他要為女兒的婚禮「付出」。在這樣一場以贈予掩蓋失去的對話裡，一個父親演出了失去女兒的過程，演出了這場自己潰敗的照本宣科的戲劇，然後從這場景離開，坐在人群裡看著他的孩子拋棄他的姓氏，發誓從此屏棄新郎以外的其他人——這「其他人」現在也包括他自己。[13]

在婚姻儀式中接手爸爸的乖女兒時，新郎同時也在祭壇前，從岳父手中接下另一項寓意更深的禮物。如果女兒沒有意識到自己對父親的依附，她的丈夫現在就將變成她童年時的父親，而她則變成曾經的那孩子。她和父親之間未解決的感受與問題，此後都會投射到她的新丈夫身上。他會接收到她所有浪漫的幻想、她的信任或不信任、她的好勝、貪心、停滯的性發展、敵意，還有被保護和被供養的欲望，這些都隱藏在婚姻契約的細節條款裡。

許多父親都得等到女兒走進結婚禮堂，才肯當她們真正長大成人。這樣的父親會把未婚的女兒當成孩子，完全否定她們的性，拒絕認真看待她們的生活。有時候她自己也是如此。他不重視她的選擇，認為她單身又無子女的狀態有負於她身為女人的天職。

羅倫說：「因為我沒有結婚，父親就不把我的生活當一回事。他不知道要怎麼跟我互動。我想是因為我已長大成人，是個有性徵的女人，他在心理上無法跟我安全地區隔開來。他不知道我想幹什麼，也不知道我想跟誰幹什麼。他會說：『你什麼時候才要停止這種莫名其妙的生活，去找個人結婚或乾脆回家來？』他不認為我有自己的生活。」

露亞的父親對她離婚後的單身生活很懷疑，某天一大早，他不請自來地闖進她家，發現露亞跟她的女性愛人在一起，證實了他心底早就知道的事。

「我躺在床上，聽到階梯上有重重的腳步聲，心裡想：是我爸爸，他正要上來我房間，」露亞回憶道，「就在那一刻，門猛然被打開，他就站在那裡。他說：『我要跟你談你媽媽的車。』我沒有說：『你這混蛋，你給我滾出去。』我完全默許他的行為。當時我震驚到說不出話。我用床單蓋住珍妮的頭，穿上我的睡袍，然後下樓。」

露亞的父親此後也沒有認可她的性傾向，他只會問她她的愛人有沒有好好照顧狗，即使她已經三十幾歲，他對她還是像對待孩子一樣。

一個選擇不結婚不生子的女人可能會覺得自己辜負了父親。即使她孕育出富有創造力的自我，她心底似乎還是會對身為女人感到若有所失。在《辜負我父親，找到我自己》（*Failing My Father, Finding Myself*）中，作家跟編輯康妮·史威格（Connie Zweig）寫到：

我父親夢想帶我走過教堂的走道，緩慢地、莊重地，伴隨著輕柔的莫札特或巴哈，他穿著真絲鑲邊的黑色燕尾服，挺拔地踩著穩健步伐，髮色灰白、眼神威嚴，而我則穿著鑲有珍珠的乳白色蕾絲禮服，眼神閃耀著期盼，手臂輕輕倚靠在他的手臂上。

我父親夢想帶我走過教堂的走道，緩慢地、莊重地，直到我們來到滿是花朵的聖壇前，盛開高聳的花朵綻放著春天的色彩。我父親夢想著那一刻，他會舉起我的手臂，輕輕安放在另一人手上，然後轉身離開我——他的女兒，在下一刻成為妻子。[14]

康妮心中暗自覺得羞愧，因為不論她生產出什麼或創造出什麼，那都不會足夠，因為她沒有能夠嫁出去，給她父親一個孫子。

對我父親而言，沒有子女是我身為女人的一個汙點，是我生命價值的一個缺憾，是我無法達到真正的成熟。對女人而言，長大成人所包含的某個深刻意義就是必須生養小孩，撫育仰賴你的無助的生命，因此沒有孩子就表示你就還是孩子。[15]

但她也知道自己對父親的愛某種程度也讓她跟父親綁在一起，她明白要完成中年階段單身女子的功課，和自己沒有小孩的事實和解，就必須從內心最深層與父親分離。她寫道：

如今，父親跟我都了解我們受困在一個愛的網裡，那連結我們的網絡已經交纏得太緊。我們終於看到，即便我們的住處相距遙遠，或者我們做出很不同的選擇，雙方的愛仍舊形塑了我們的靈魂。

所以我們試著放手，放棄對彼此的幻覺，讓其他的愛先進來。我們發現很難做到不加諸束縛地深刻關心對方，所以我們的關係變成一種靈魂的練習：去愛並放手。

當他放開我時，我覺得像個孩子一樣被拋棄了，同時卻也像個成人覺得鬆了口氣。現在我面對男性愛人時會有更多自由與希望，不會再尋找跟父親同個模子刻出來的人或他的對照組，而能單純找個可以給我愛並且接受愛的男人。[16]

侵犯界線

爸爸的乖女兒的父親很可能在不知不覺中侵犯親子關係的身體界線，這種侵犯有時難以察覺，因為表面上會像這只是一段很親近、富有愛的關係而已。如果父親向女兒索求他本該從妻子身上得到的關注，他就無法看到女兒是一個孩子，有屬於她自己不同的需求，如此他等於讓她處於一個進退兩難的位置。在某種程度上，父親的選擇會導致她被母親拒絕或孤立，而這個渴求關注的孩子卻成為父親理想化的妻子，最極端的狀況下，她成為一顆棋子，被夾在夫妻關係中隱藏的衝突裡。

這本書探討的範圍並不包括父女亂倫中牽涉的複雜議題。許多書對此都有深度的探討，[17]我想講的是當爸爸的乖女兒被困在涉及性侵害的關係時，她之後所會持續承受的傷害。擁有被父親偏愛的地位導致她在某種程度上被母親拋棄，因此她只能仰賴她父親，如果他又對她性侵害，她就根本沒有人可以倚靠，而被完全被拋棄了，她這輩子都會無法信任男人。如果她這生所愛的第一個男人，她的父親試圖在性方面控制她，結果她就可能會在性方面懼怕男性，或完全放棄自己任由他人侵害。

葛瑞琴是位四十歲初成功的劇作家兼製作人，但她從未擁有過成功的長期親密關係。她將自己無法找到願意承諾終身的人歸因於害怕被控制。她父親在她童年時對她的迷戀，在青春期時轉變成對她的侵犯。

「我絕對是典型的爸爸的乖女兒。我做任何事都是對的，不管我說什麼話他都會非常開心。等我長大一點，他開始會進來我房間。我覺得他擁有我，而他對我的依戀讓他有權利侵犯我。他喜歡摸我——他喜歡胸部——他說他有權利知道自己的女兒發育得如何。」

雖然葛瑞琴成年後可以享受性愛，也喜歡被關心、被照顧、被愛，但是她始終很害怕受到與她做愛的對象控制。她說：「性是一個很變態的東西，處在一段性關係裡，一直『被挑起性慾』是很大的干擾，我覺得因為這樣，自己得為一段持續的親密關係付出很大的代價。我的底線是控制——我必須覺得自己有控制權，但一旦關係開始，我就覺得自己失去控制權。我知道父親的侵犯絕對阻擋了我與男人擁有長期的關係。」

被困在涉及亂倫的理想化的父女關係裡，會打造出無比強大的束縛，以至於可能需要有某種心理炸彈被引爆，才能炸碎這個束縛。即使一個女人處理了亂倫的傷口，很久之後她還是可能感受到對父親身體的渴望。如果一個女兒在尚未成熟時被父親喚醒性慾，可能導致她產生往後的性關係都無法滿足的慾望和渴求。

三十八歲的安妮在青春期時經常遭到父親猥褻，而她說她和丈夫從來都無法達到高潮，她恐懼高潮帶來的亢奮會讓許多回憶排山倒海而來，那是她寧可永遠埋藏的回憶。

我有些當事人會為侵犯她們身體界線的父親找藉口，她們提出的藉口包括母親拒絕父親、經濟困難、酗酒、文化准許、性別歧視或她們對父親愛的渴望，還有些女人則是根本否認曾遭受性侵。三十三歲的唐娜說：「同時跟『好爸爸』和『壞爸爸』一起生活實在太可怕了，所以你會消滅其中一個。」心理上的分裂會讓孩子對她無法接受的行為視而不見，把這些行為隔絕在她腦裡的一個空間，直到後來她生活中的其他層面變得讓人難以忍受，她才可能打開這個區域，試圖尋找真相。

在某些方面，對爸爸的乖女兒而言，心理上的亂倫要比身體上的亂倫更難面對，因為如果沒有身體上的侵犯，她會更難清楚看到父親侵犯了她的界線，因此可能會持續與他保持緊密連結。身為爸爸的最愛實在太誘人，讓人不願意加以審視，因為她缺乏清楚的角色分化，也可能讓她難以辨識出其他男人不當的情感行為或性行為。爸爸的乖女兒童年時會因為爸爸的愛與關注而興奮不已，導致她成年後難以辨識出他人侵犯的行為。

驢皮公主

「驢皮公主」是法國作家與民間故事蒐集家夏爾．佩羅（Charles Perrault）在十七世紀記錄下來的一個傳說故事，這個故事顯現了爸爸的乖女兒與她父親之間會有的強烈的性的互動。

很久很久以前，一個國王的美麗妻子過世了，留下了一個在各方面都跟媽媽很像的女兒克利絲塔貝。痛失愛妻的國王，獨自哀悼了多年，只跟他最愛的一頭驢子在一起。當他再度看到他青春期的女兒時，他瘋狂地愛上了她，以為她就是他死去的妻子，立下誓言要娶她。她對父親的宣示感到震驚，但又想不出方法可以拒絕求婚而不觸怒他。於是她向教母紫丁香仙子求助，詢問要如何打消她父親的念頭。教母要她在父親求婚時，提出一個不可能達到的要求，要求他做一件天空色的禮服。

克莉絲塔貝照著她教母的話做，兩天後她收到了一件天藍色的禮服，就是天空的色彩。她再度求助教母，教母又教她要求父親做一件月光色的禮服。克莉絲塔貝提出了要求，兩天後她收到一件美麗的銀白色禮服。接下來她要求一件像太陽般的禮服，但她的要求又再度被達成。最後她要求用父親最愛的那頭驢子的皮做成禮服，心想他肯定不會為她殺了那頭驢。

但國王太想得到她，而下令殺了他的驢。當公主收到驢皮衣時，她明白自己已經無計可施，只能逃離這個王國。她在驢皮的掩蓋下逃走，只帶著那三件禮服跟教母最後一次見面時送給她的一枚金戒指。

克莉絲塔貝孤苦地流浪鄉間，最後來到父親絕對不可能找到她的一個農莊當洗碗工。她一直披著驢皮衣，藉此掩蓋她的美貌。事實上大家都叫她「老驢皮」，認為她是個怪人。有天一個來自遙遠王國的王子來到她住的這戶人家，他旅行了一段時間，需要地方過夜。農夫的太太請老驢皮烤一個拿手的美味水果蛋糕給王子吃，她做了蛋糕，但是太害羞而不敢親自把蛋糕端給王子。

那天晚上王子剛巧看到廚房旁的門底下透出一絲光線，當他從鑰匙孔偷看，剛好看到驢皮公主穿著她其中一件美麗的禮服，梳著金色的長髮。隔天早上他問起這美麗的少女，大家都笑說他肯定是在作夢，這裡沒有住著什麼美女，只有老驢皮白天刷著鍋子，晚上跟蝙蝠為伴。他回到他的王國，但不久就因為相思而生了病，沒有任何藥方可以讓他康復。他請母親去拿一個老驢皮做的蛋糕回來，皇后派人送信給驢皮公主，請求她做一個蛋糕給生病的兒子。克莉絲塔貝急著想治好王子，匆忙間沒注意到自己在烤蛋糕時，把金戒指掉在了麵糊裡。

王子吃了蛋糕，發現了戒指，他的高燒立刻減緩了。他發誓要娶到手指可以戴進這只戒指的女子。國王看到兒子恢復健康，立刻要他的僕人到全國各地尋找那個女人，他們翻遍了全國，但一無所獲，直到王子問說他們有沒有請老驢皮試戴那只戒指，大家聽到要叫一個刷鍋子的女傭試戴戒指都哈哈大笑起來。但是國王很堅持，要求把老驢皮帶到皇宮來。她跟著他們回到城堡，在驢皮衣底下穿著她的月光禮服。

王子溫柔地接待她，但是無法相信她會是他朝思暮想的女人。他拿著戒指一滑就戴上了她的手指，驢皮衣掉到地上，顯露出穿著銀白禮服的光彩奪目的公主。王子立刻對她求婚，她答應了，所有鄰國貴族都被邀請參加婚禮，而當公主的父親來到時，他承認了自己先前的愚蠢，祝福她跟王子能夠白頭偕老。[18]

驢皮公主的故事講述的是心理上的亂倫，父親出於自己迫切的需求而試圖侵害女兒的純真。跟驢皮公主一樣，爸爸的乖女兒經常沒有意識到自己與父親的關係多麼深刻地侵犯了她的界線，讓她無法和自己的性慾有健康的連結。除非女兒打破跟父親的束縛——逃離他的王國——否則她不可能和一個愛人建立成功的親密關係，不可能完整地成為自己或和愛人在一起。她的軀體可能會對做愛有反應，但只要她父親仍握有通往她靈魂的鑰匙，她就不可能自由。[19]

第二部

形形色色的
父親的乖女兒

第四章
身為英雄的父親，身為命運的女兒

人類的父親無可避免地體現了天父的原型，這個人物因此被賦予了神奇的力量。

——卡爾．榮格（C. G. Jung），

《佛洛伊德與心理分析》（*Freud and Psychoanlysis*）

我一想到父親就有種神奇的感覺。我知道他有他的缺點，而且他也會發脾氣，有時候他也會想幫我做決定，但是他是這麼愛我，又這麼溫暖、開放、支持，我覺得自己真的很幸運，我只怕自己不夠感激他。

——塔瑪（Tamar）

兒女對於父母的感受同時源於他自身與父母實際生活中的互動，也來自父母的原型中包含的元素。原型是一種與生俱來，由意象、想法與本能衝動組成的模式，它的運作就像是隱藏的

磁鐵，我們看不到這種潛藏的模式，但是「我們可以看到它的形象，而我們也被它的能量驅動。」[1]這些來自集體無意識的原型意象就是宗教、神話、傳說跟民間故事的基本內容。[2]

榮格寫道：「父母『原型』擁有一種極為特殊的力量，它對兒童的心理影響如此之大，讓我們不得不自問，是否真的能把這樣神奇的力量歸因於一個凡人。」[3]每個孩子都會內化自己的父親的形象，而父親的形象又受到代代相傳的原型父親的意像影響。每個凡人的父親都自動繼承了先前存在數萬年的父親們的特質與功能，他身上就帶著父親的「模式」。這個男人並不一定要具備父親原型的所有特點，事實上沒有人會，然而原型的影響力如此之大，以至於一個小女兒看著自己的父親時，她看到的不是被年紀、個性、有限的能力或疾病阻礙的凡人，而是一個神奇的完美的人物，全身閃耀著力量與承諾。

女兒最會頑強抓著不放的承諾就是父親會永遠保護她照顧她的承諾。不論在家庭的私人生活裡，或是外界的社會生活中，父親的原型都提供一種秩序、權威、保護跟力量的感受。他代表著思考、智性、理想與價值的領域，父親的巨大原型自動賦予他一種英雄的地位。在女兒心中，父親是超乎凡人的，他所作所為都是典範。他是俊帥、有創造力、公正、慷慨而強大的，他是男人中的男人。跟妻子有著良好關係的父親會在適當的界線內回應女兒被保護的需要，他不需要女兒的情感支持來支撐自己心理上脆弱的部分。（但不論基於什麼理由）而在情感上由妻子轉向女兒的父親則會利用女兒全然的奉獻來填補他生命裡的空洞。

如同凡人的父親對女兒體現了父親的原型，女兒也對父親體現了孩子的原型。榮格寫道，孩子的原型是「完全在我們侷限的心智意識範圍以外的生命力的人形化，具體顯現出我們單一面向的心智意識毫無所悉的各種方式與可能……**它代表了所有存在中最強大的，最不可避免的衝動，就是自我實現的衝動。**」[4]

爸爸的乖女兒體現了父親潛在的未來，她讓他變得完整。她會承載他的青春、他的幻想、他的智性、他的精神、他未實現的夢想，她將延續他的生命。因為父親是爸爸的乖女兒的英雄，而她就是「被選擇的孩子」，會在不知不覺中同意去反映父親需要她反映的一切，她可能會努力去實現他對她投射的希望，或者仿效在他身上崇拜的一切，不論他是否期望她這麼做。在我個人經驗裡，我想跟隨父親的腳步進入他的行業，但他從不鼓勵我這麼做，而這也從來沒有消滅我想像他一樣的欲望。兩種非常強大的原型在父女關係中被啟動——對父親而言，女性的孩子的原型（純真的、永恆的、美麗的、處女的女兒）經由他的女兒而啟動；而對女兒而言，父親的原型（體現了保護與陽剛的指引）則經由她的父親被啟動，創造出無止盡的想要取悅他、映照他的欲望。

身為英雄的父親

無數的文化與神話裡，英雄都是單一個人（經常跟雅典娜、摩西或耶穌一樣有不尋常的出生方式）能夠經由奮鬥而超越他私人的、地域的和歷史的限制，達到更高的意識階層。英雄的原型代表了社群中團結眾人的核心力量，也是每個成員認同的主軸。英雄的雙重任務先是離開社群的日常生活，迎向關於愛與死亡的祕密，然後轉化成約瑟夫・坎伯（Joseph Campbell）所稱的「生命賦予者」（Life Bringer）回到社群，他的知識會造福所有人，讓他們煥然一新。整個社群都會歡慶他的重返。[5]

由於我們已經不再生活在部落文化裡，所以我們欠缺真正的社群來迎接並融入英雄，儘管我們繼承了英雄的原型，但英雄的精神在二十一世紀歷經了巨大的轉變。榮格分析學家茱恩・辛格（June Singer）寫到，英雄已經變成「藉由力量或頭腦而成功的個人，而且經常是以犧牲比較弱的、不那麼有野心的，或更在意群體利益的個人為代價……現代文化中的英雄神話展現在大企業的成長，由全心投入的、不容任何事物阻止他們成功的個人成就與發展。」[6]當今的英雄模式缺少了英雄光榮重返社會所帶來的這種關於人際連結的貢獻，他們帶回來的不再是合作精神與共同成就，而是競爭與主宰。

父親身為英雄的原型結合了這個世紀的英雄模式的兩個面向：父親展現了這個英雄旅程的

前半段，但拋棄了後半段。前半段旅程裡，父親是家庭與外界的橋梁，他每天都遭受著考驗。即使社會因為女權運動歷經重大轉變，還出現了數量眾多以女性為一家之主的單親家庭，父權制度的影響仍舊有其主宰的地位。一般家庭仍認同父親經歷的試煉與勝利，並殷切期待他回來，但就像文學裡的英雄一樣，二十一世紀的父親英雄是缺席的。雖然自由來去是他的特權，但這項特權也伴隨著巨大的負擔，他被鼓勵為服務社會的任務而棄守家庭，卻又被期待要為家人的福祉負責。

今天的父親可以成功屠龍，但他沒有被教導如何把戰果帶回家，英雄旅程的後半段被我們的社會集體拋棄了，就如詩人羅伯特・布萊（Robert Bly）所述，孩子接收了父親的特質，卻沒有父親的教導。父親被迫承載著可能與他個人毫不相似的英雄形象。父親因為被理想化為英雄，尤其如果他缺席的話，就可能被孩子想像成她希望的任何樣子：比任何男人都力量更大、懂得更多、更為慈愛，這種反應在爸爸的乖女兒身上更為誇大。在這種情形下，父女之間幾乎不可能有真實的關係，因為女兒將她為父親創造的形象偶像化，而永遠無法真正認識這個人。除此之外，爸爸的乖女兒因為認同父親為英雄，也會效法父親的英雄任務，而踏上英雄旅程的某些面向，同時拋棄了自己的女性本質。[7]

將父親變成神話

《熱鍋上的家庭》（*The Family Crucible*）的作者之一奧古斯都・芮皮爾博士（Dr. Augustus Napier）說：「我們當中只有極少人，不論男生女生，真正認識父親。為了找出他的內心在想什麼，我們努力要像他。如果我的行為像他，舉止像他，或許我就會知道他的感覺。」[8]我們花了一輩子想了解我們的父親是誰，在努力要認識他的過程中，我們將他神話，對他最明顯的缺點都視而不見。在《看著我的父親》（*Looking at My Father*）中，詩人莎朗・奧茲（Sharon Olds）寫道：

> 我不認為我對他是盲目的。
> 我知道他的酗酒，我知道他愛挑逗人，
> 執著、頑固、自私、多感，
> 但是我可以整天看著我父親，
> 怎麼看都不膩……[9]

奧茲寫出了我們許多人的心聲，「我可以整天看著我父親，怎麼看都不膩。」但是我們看到的究竟是什麼？如果我看著父親的臉，我可以看到自己的潛能在那裡等著我；如果他很有創意，我也會有創意；如果他很聰明，我也可能很聰明；如果他很和善，我也可以和善；如果他很成功，那我也可能成功；如果他喜歡我，那我什麼都做得到。我就是他的延伸。**但是身為他的延伸，跟真正了解他是兩回事**。

我們通常比較了解我們的母親，我們知道她的感受，我們看著她的行動。我們認同她的身體。她們不像父親那樣神祕，所以她們不會引人好奇，令人著迷。我們不會看到父親哭，我們也很少看見他們哀傷或表現恐懼，所以他們被視為比我們強大，是堅毅不拔的神，任何情況都能掌控，這種控制力是我們英雄崇拜的核心。

爸爸的乖女兒會把父親當成英雄，如果她跟母親的關係不好，那麼父親所有的缺點都被忽視，他就會成為「好的家長」。如果母親無法照顧女兒，父親就會變成女兒的救命繩索。如果母親被女兒排拒，父親就會變成她唯一的愛。在我們崇拜原型的狂喜中，我們會覺得父親是完美的，但我們的母親並不這麼想。

莎朗．奧茲寫道：

我甚至喜歡
看進他的嘴巴裡，被染成咖啡色的，

因為雪茄跟波本，我的雙眼往下滑，
來到他長長的琥珀色牙根，
那裡正是我母親最討厭的，
然後往上看到有如燒焦絲綢的，
那兩側與拱頂，甚至是兩個把手，
在他舌頭最後方。我知道他不完美，
但我的身體覺得他是完美的，
那伸展開的粗糙粉色皮膚，
他的巨大身軀，
像一堆軟糖糾結，深色的頭髮，
性，比我的腿還長的腿，
可愛的腳丫子。[10]

女兒將父親理想化為英雄，給予了父親無所不能的光環，而女兒認同的就是這個光環。在《另一面》（*The Other Side*）中，小說家瑪麗·高登（Mary Gordon）描繪了一個場景，一個青春期的角色達希跟他父親一起走出一家豪生酒店，心底篤定自己是爸爸最愛的孩子。高登寫道：「她是最受寵愛的。她是她父親全世界最愛的人，知道這件事讓她覺得自己無所不能。她心想：等我老了以後，我都還會記得這件事，記得我走在父親身邊，當時我十七歲，我知道世界上沒有什麼事是我做不到的。」11

認同身為英雄的父親讓爸爸的乖女兒覺得自己無所不能。這讓她對自己的價值有偏差的認知，也讓她很難接受失望。畢竟父親跟她保證了無論她想做什麼都會成功，因此來自外界的拒絕會帶來重大挫敗。

二十五歲的珍妮佛一直將父親視為英雄，長大以後她也仿效他，追隨他進入法律領域。她說：「他是典型的美國英雄，為人慷慨，打過越戰，他曾經是美式足球四分衛，還是典型認真工作的美國人。他會為眾人挺身而出，不怕說出自己的想法，他知道自己是什麼樣的人，而且喜歡自己的樣子，我覺得很幸運他是我爸爸。我覺得他是全世界最棒的爸爸，而且不只有我這麼想。我身邊所有的朋友認識他，看到我們相處得那麼好，看到他人有多好多幽默，都羨慕得不得了，這麼優秀的爸爸真的叫人肅然起敬。」

珍妮佛在就讀法學院第二年時去找工作，而她無法理解為什麼法律事務所會拒絕她。她說：「我知道我們班上其他所有人也都被拒絕，但還是不懂為什麼會這樣。我心想，他們怎麼可以拒絕我——這麼多年來爸爸都說我是這麼棒的人。他說我這麼迷人、聰明又努力，哪間事務所請到我都算他們好運。這樣的女孩怎麼可能念到了法學院卻不被鎮上所有法律事務所搶著要？」

女兒如果成年後還繼續將父親視為英雄，她就難以接受他是真實而有侷限的，而非理想而全能的。她對他的認知凍結在時間裡——很可能是凍結在她成年初期的某個時間點，這樣的互動讓她很難接受他的老化帶來的後果。

克蕾兒描述說，她父親真的是他們在西維吉尼亞州的小社區裡的英雄。他是個不眠不休工作的小鎮醫生，所有人都仰賴他也愛他。二次大戰時他的年紀已經超過徵兵年齡，但他還是自願入伍，說報效國家是他最驕傲的時刻。

儘管克蕾兒跟她的弟弟都感受到他們父親因為在戰時服役而在家裡「等同失蹤」，但她當時——或現在——都不准自己耽溺於他的缺席帶來的痛苦跟失落。[12]他過去是她的英雄，而直到現在她五十二歲了，她還是視他為英雄，即便他的盔甲開始不再那麼閃亮。

克蕾兒的父親忙於社區的醫療工作時，她都是由她父親的弟弟艾德叔叔照顧，而艾德叔叔的功能對她而言比她爸爸更像父親。現在艾德來到人生盡頭，而克蕾兒八十四歲的父親面對無可避免將失去弟弟的情況，似乎整個人被擊潰了。克蕾兒說：「我父親無法面對這失落。大多時候他是醫生，是堅強的那個人。但現在他的舉止很怪異。我跟母親現在得照顧這個通常在照顧所有人的人，這真的很難，我不知道那個內在的他哪去了。我明白他現在並不那麼強壯了，我終於開始發現我的神不再那麼像神了。」

克蕾兒無法接受父親哀悼的常態，對已經高齡八十幾歲的父親的狀態感到困惑，都顯示出爸爸的乖女兒的英雄崇拜的扭曲。當一個男人被迫為家庭承擔英雄的形象時，他就不被允許像我們其他人有普通人的缺陷，他必須保持著鋼鐵的表象，而當這表象開始崩解時，全家人就不知道該如何面對。

缺席的英雄

與大多數英雄模式裡的父親一樣，克蕾兒的父親在她童年的大部分時間都不在家，但他的缺席是被原諒的，因為他在報效國家，父親保護社稷的形象總是充滿了力量與正義感。無論小孩子多想念父親，當他被理想化為一個英雄時，她也就認為他的缺席是合理的，如果他還做到原型角色的功能，是個保護者跟供給者，那她就更能原諒他。

珍妮佛念初中跟高中時，父親經常長時間工作，努力要在一所大型法律事務所裡建立自己的訴訟律師事業，即使在家，他還是得工作。她說：「他人在家但心不在家。他會很早就睡著，因為他工作太累了，但是他都是為了我們，我不覺得他這麼做是出於自私。」

我小時候也視父親為英雄，儘管他很少在家。他在曼哈頓工作，工時很長，因為通勤的關係，他回到家的時候我跟妹妹經常都已經上床了。我小時候幾乎沒有跟他相處的記憶，直到我滿十三歲，開始和他一起在他的事務所工作。我最珍惜的少女時代記憶就是我們在我中學跟大學放暑假時，在那又黏又熱的夏天裡，一起在開車上班或下班途中聊天。

最近我聽到父親對於自己全心投入於工作而影響他應負起的家庭責任，這讓我很驚訝。「我想我一直都不滿足，」他說，「我拚命督促自己，說服自己說這是為了我的家人。每個人都可以合理化自己的行為，來滿足自己的自大，但那其實是個藉口，都是胡說八道，我從工作中獲得很大的滿足感，而我一路都在欺騙你媽媽、你妹妹，還有你。」

他的坦誠讓我驚訝不已。在某個層面，我小時候一直都為他開脫，認為他這麼長時間工作是別無選擇，但在另一個層面，我自己都不承認的是，我其實很憤怒他的工作比我重要。廣告有那麼重要嗎？他的發言肯定了我一直想承認的事實：他對工作的偏好勝過對家人。這個真相讓我得以感受我這麼多年來所掩蓋的，對於他忙到沒空陪我們的憤怒，也讓我得以哀悼小時候沒能有他陪伴的失落。

原諒父親缺席的女兒經常會在成年後過度認同外在世界的男性成就，既然父親不肯加入女兒的世界，那麼她就只好加入「他的」世界。她藉由拋下女性的世界而達成這點。她迅速長大，拋棄自己的感覺，就為了更像她父親，為了獲得他的關注，去實踐他的命運。

身為命運的女兒

會努力滋養並支持女兒天賦的父親不會將自己的命運投射到她身上，相反地，他會觀察她天生的能力與偏好，而強化它們。她不會啟動他心裡的孩子的原型，因為他已經在生活裡實踐自身的潛能了。他或許有一段時間會是她的英雄，但他在人際關係上結盟的對象仍很適當地是他的妻子，女兒對他的英雄崇拜因此也會在青春期晚期或成年後初期自然消散。

相對地，爸爸的乖女兒如果必須體現父親未實踐的潛能，就會始終困在英雄崇拜裡，並堅持長期仿效父親。到了成年後某個時間，她還是必須脫離跟父親的糾纏關係。但在此同時，進入父親的世界對她也有好處，許多被准許跟父親一起工作而進入父親世界的女人都因此獲得自信，相信自己也能參與這個世界並得到成功。這些早期的工作經驗並不保證他們在未來數年後會獲得職涯上的機會，但她會學到這是有可能的，也會因此有更好的準備去追求自己的選擇。[13]

女兒對父親的認同是通往外面世界的橋梁，幫助她在工作的世界裡得到滿足感，或許這是她對父親的認同對她最有利的地方。爸爸的乖女兒在外界發展的技能與能力最終會幫助她跟父親分化而個體化，去追求她與生俱來的天賦與偏好，此時她們就能自由地去追隨她們自己的命運了，塔瑪就是一個例子。

塔瑪是個三十歲的紐約女子，她剛開了一間廣告公司。她父親過去二十三年來都在經營自己的工程公司，而他自己的父親則是有一間以兒子為名的成衣製造公司，塔瑪覺得自己開業是延續了家族傳統。

「我從父親那裡得到傳承是要勇於承擔風險，去追求我想要的東西。如果沒有父親，我不會有這樣的自信跟勇氣跨出這一步。在滿三十歲時我決定離開在出版界的工作，開始去找廣告公司的工作，然後我父親說：『為什麼又要進入公司？我覺得你自己就可以做。』我看著他說：『什麼？』這種想法你一開始雖然會抗拒，但隨著時間過去會越來越鑽進你腦袋裡，過了一兩個禮拜後，我們兩個就坐下來做了一個財務規劃，並且從頭到尾好好談了一遍，這個想法就這樣一點一滴成形了，而他一路都陪著我。他幫助我做了一連串的財務預測，給了我一年的貸款，以此表示他相信我的能力。在我最初對於身為女人的認識中，其一就是女人跟男人有同等的智能，因為父親總是認定我可以在智能方面跟他並駕齊驅，就算我有再多不安全感，我也從不懷疑我的頭腦足以跟任何人競爭。」

塔瑪的創業，表示她選擇仿效她父親以創業親身示範的價值觀，以及他自己父親的價值觀，她很驕傲能延續這個傳統，也被鼓勵在她自己選擇的領域這麼做。她在高中大學時幫她父親工作，進而了解到她父親的世界，她在那裡開始了解他從事專業的鋩角，從更大的脈絡下看到他父親也是一個老闆，也由此想像自己在類似的獨立的情境下工作。塔瑪的父親當時就會跟她討論自己的生意，直到現在他也還是會在為自己公司做決定時詢問她的意見，他會考慮她的想法，表示他視她為平等的。他對她腦筋的肯定幫她獲得極大的自信，他不只在她小時候支持她的智能發展，也在她成年後給予她支持，讓她知道：「我相信你，我會做你的後盾。」他評估她的技能，然後向她保證她有能力達成自己的目標。塔瑪在成年後遭遇的困難是在人際關係上，而非工作上。父親雖然沒有將自己未實踐的潛能投射在她身上，但他確實與她形成強大的聯盟，而在某種程度上妨礙了她能找到一個堪與他相比的伴侶。

一個女性如果可以從父親（或父親的代理人）身上得到這樣慷慨的支持，她就會跟自己內在的陽剛本質培養出正面的關係，她會知道自己有能力成功。她會培養出支持自己的能力，成為自己向前的動力。這跟父親出於自己的需求去鼓勵女兒成功是截然不同的。

承載父親的投射

將自己對成功的需求投射到女兒身上的父親則不會容許女兒獨立做選擇。他熱切渴望她進步，是因為他需要她來實踐他未竟的夢想，他很少將她視為分離的個體，有自己的欲望跟目標。相反地，她全身閃耀著不自覺地為父親所承載的孩子原型的潛能，他們的關係如此糾纏，而他如此專注地監督著她的人生，以致女兒根本不會察覺自己在他的控制下窒息。以下這個例子裡，女兒在父親過世時的徹底崩潰顯示出她與父親的糾纏有多巨大，她在失去父親後喪失了生活能力，但也因此在絕望中終於開始她的內在功課，開始掙脫對他投射的糾纏。

賈姬是位二十七歲的律師，在父親過世的一年半後開始心理治療。她因哀傷而停止工作，也無法正常生活，被父親的死亡擊潰，完全迷失方向。他一直主宰她的人生，她從來沒有自己做過決定，他的死瓦解了她的生活後，她才慢慢面對令人震驚的現實，發現她的人生從來不是自己的。

賈姬和她父親有很親密的關係，她可以回溯到父親在她六歲時教她跳波卡舞的最初記憶。她驕傲地展示一張照片，顯示她父親引導她跳很複雜的舞步，這讓她贏得許多舞蹈比賽。她在舞池中很輕鬆自在地跟隨他，也在其他領域自然而然地跟隨他的指導。他以同樣的熱忱培育她的智性發展，跟她說她能夠達到任何成就。他是來自南斯拉夫的移民，一直覺得自己的口音是害他無法在這個國家成功的一大阻礙，他無法在語言這個領域指導她，但他決心絕不讓賈姬感受到這樣的限制。

賈姬也是因為父親而念法律，他相信律師享有特權、權力跟金錢，而能在這個國家成功。賈姬小時候曾希望成為老師或心理學家，可以幫助小孩子，但父親貶抑老師是「女人的職業」，也覺得心理學家賺不到太多錢，同時跟她說，她沒有足夠的毅力念完醫學院而成為精神科醫師，他認為心理學毫無價值。他希望家裡出一個律師，而年紀最小的賈姬是最後一個可以實踐他夢想的人，賈姬的母親也跟丈夫同聲一氣，要女兒聽爸爸的話。

賈姬痛恨法學院，她第一個學期時就想離開，但她父親不理會她的痛苦。他認定是談戀愛干擾了她讀書，要她下定決心專心讀書，她很辛苦地完成了三年學業並通過律師執照考試。諷刺的是，他還沒能親眼看到她以律師身分開始執業就過世了。

因為父親過世而備受打擊的賈姬無法找到任何可以滿足她需求的工作，以及她已經盡責地內化的父親的需求。即使他已經在墳墓裡，依然可以對她施展一樣大的影響力，彷彿他還活著一樣。她想要進入幫助受虐兒童的領域，但她知道父親不會贊同。在治療中，她慢慢理解必須讓心中的他死去，才能追求自己的夢想，她開始憤怒他還能經由她而繼續活著，並完全忽視她的需要、她的夢想。為了講出她在他活著時從未能說出的話，她寫了一封信給她父親：

親愛的爸爸，

你曾經是我的英雄，你知道嗎？你曾是我的第一個愛人，我對完美男人的理想。我崇拜你、尊敬你、為你而活。我如同你的影子跟著你，而我們也擁有許多快樂時光，但是我覺得自己從來沒有真的讓你高興，不論我怎麼做，都始終不足夠。我一輩子都在努力讓你以我為榮，而現在我被夾在取悅你跟滿足我自己之間，進退維谷。我願意付出一切讓你為我驕傲，一次也好，但是我動彈不得了，什麼都做不了。

賈姬開始看到她父親多麼會控制她、操縱她，塑造她的人生來滿足他的需要。他不斷干涉她跟男人的關係，批評她的選擇永遠不夠好。而且雖然她很特別，但他覺得她永遠可以做的更好，做得更多。在治療中，賈姬哀傷失去了如英雄的父親，同時也氣憤那個男人剝奪了她擁有自己的夢想。直到此時她才能慢慢學會傾聽自己的感受。

開始治療幾個月後，賈姬得到一份工作，擔任性侵受害孩子的訴訟代理人，也開始跟一個愛她、接受她、不會試圖改變她的男人交往。她也在考慮回去讀研究所，讀兒童諮商領域的學位。她知道自己繼承了自覺不足的感受，是來自她父親對於自己移民身分的不安全感。她知道他愛她，也希望她快樂，但她現在明白她必須為自己做決定，過自己的人生，才可能快樂。

下一個例子裡，則是父親因為跟女兒分離而崩潰。這個爸爸的乖女兒與眾不同地能夠在成年後不久就擺脫父親的投射，身為作家的她生動地描繪了父親多麼需要看到她的人生映照出他的人生，而那分需要足以將人吞噬。

雪莉．艾伯特在她的自傳《賭注登記人的女兒》中寫到：「如果我們的人生就像一部新聞影片，那麼我父親就會是那位旁白——那預言家、吟唱詩人、說書人。在他看來，打從出生我就是來聽他說話的，我也了解聽他的話就是最重要的獻祭儀式。朋友們、羅馬人們、鄉民們，把你們的耳朵借給我。關注就是他最需要的，而我有給予他關注的權力。」[14]

雪莉．艾伯特於一九四〇到一九五〇年代的阿肯色州長大，是家中獨生女，而她父親的工作是收取賭馬的賭資並分配賭贏的錢。他與母親結婚時，故意讓他年輕的妻子以為他寫的不是賭注，而是書。他對印刷文字有強烈熱愛，也與他女兒分享這分熱情。「母親一心認為我應該跟其他女孩一樣，但我父親則一心要讓我與眾不同。他跟我分享他的熱情，把書在我面前高高疊起，彷彿它們是丁骨牛排跟馬鈴薯泥。羅馬故事（還有在角落鬼鬼祟祟的希臘故事）則是歷史與文學的烤肋排。」[15]

艾伯特的父親為她熱愛他們共同的興趣而欣喜若狂，這熱情驅動著他只能藉由女兒稍微窺探的夢想。但當她長大成人，離開南部去紐約市工作時，他就成了一個殘破老人，一個卑微的賭注登記人。為了實現自己的夢想，艾伯特不得不將她父親拋在身後。她知道他認為她是叛徒，但也知道是他幫她準備了這樣的命運。「我對自己說：我是我自己的創造者。『女兒』不能是一輩子的職責。」[16]

身為兒子的女兒

為父親承載著孩子原型的女兒可能會發現，她被賦予或主動在不自覺間承擔起兒子的角色，沒有生下兒子或對兒子感到失望的父親經常會轉而對女兒投射他的夢想，要女兒成為他的繼承人。他會像對待男性一樣對她，給她別的兄弟姊妹不會有的特定職責跟特權；他會對女兒暗示說他真希望她是男孩子，這樣她就能像兒子一樣承接他的命運。這樣迫切渴望延續血脈（他的夢想與潛能）的父親，跟專注於女兒的心智發展，以此中性化女兒萌芽的性發展的智性化的父親（如第三章所描述），並不相同，這裡的重點不是性，而是命運，所以這樣的父親會鼓勵女兒的一切能力與天分，前提是跟他自己的能力與天分一樣。表面上看起來他似乎支持她的自主性，但事實上並非如此，這樣的父親只是把女兒看成自己的倒影。

被當做兒子看待的爸爸的乖女兒，被強化的不會是她的女性特質，而是她「陽剛」的特質與技能，她小時候通常會是很男孩子氣的女生，父親會教她像男人一樣思考、爭論跟競爭。她選擇了父親而非母親，因此從小到大都會有點遺憾自己是女生。她從父親那裡學到身處於男性世界而感到高人一等，但同時她又因為沒有學習到「女性世界」的方式而感覺自己不夠像女人。她陷入兩難的處境，她外表看起來很有自信，但由於這份自信建立在自我膨脹上，她常常覺得自己是個冒牌貨。

父親直接或間接地告訴女兒作為男生比較好，就剝奪了女兒身為女性的樂趣，這樣的女兒要在成年後完全接受自己是女人，就必須消滅父親是英雄的神話，不再認為自己是他的兒子，身為兒子的女兒必須死去，成年後的女人才能活下來。

剛開始寫這本書時，我夢到下面這個父親犧牲自己兒子的夢：

> 我坐在一間高中的劇場裡看電影，裡面有個兒子為了讓身為國王的父親保有被他弟弟覬覦的土地，而為父親犧牲。國王把兒子帶到城垛上，指給他看這王國的土地「這是你的王國，」他對兒子說，然後他們一起看著孩子的叔叔策馬奔向城堡，並喊叫這男孩。國王告訴兒子要勇敢迎戰他的叔叔，這男孩立刻預見了自己的命運並勇於面對，他對父親的忠誠讓他只能完全服從，他別無選擇，只能迎向死亡而拯救國土。電影結束，然後是中場休息。

我坐在劇場右手邊的後面，父親則坐在最前面的左邊。我想介紹他認識我最喜歡的數學老師，但我找不到她在哪裡，我也想讓我想吸引的某個坐在後面的男孩看到我與爸爸在一起——我們長得很像。中場休息結束，我回到我在後面的座位。電影再度開始，同樣的場景重複播放。父親國王帶著他的兒子去見他叔叔，這孩子知道他將為了土地而被犧牲，他看著父親問說：「沒有別的方法嗎？」他父親沒有回答，他知道父親的沉默已經決定了他的命運，於是他走向前，迎向他叔叔的劍。

在這個夢裡，我就是那個男孩。這個夢對我說了兩次我的命運：我的命運就是為父親犧牲。在我長大的過程中，父親經常因為忙於工作而不在家，而我一直覺得如果他有個兒子，他就會待在家。母親憎恨我父親為了工作而拋棄她，而把怒氣發洩在我跟我妹妹身上。小時候的我並不應該承受她的憤怒，但我的命運就是得接收本來他應承受的那些情緒。

榮格分析學家吉爾達．法蘭茲（Gilda Franz）寫到，當父親拋棄母親（因為工作、死亡、離婚、冷漠、酗酒等原因），母親也會無意識地拋棄孩子。當母親在婚姻中被剝奪了愛與滋養，她便無法體現母親的原型，也無法滋養自己的孩子。相反地，她會變成很黏人而飢渴的母親，展現出這原型中最負面的極端。[17]在我的夢裡，那個孩子在被犧牲前一刻才發現已經無路可逃，父親的沉默確認了孩子的命運。他不回應兒子的懇求，他決定寧可犧牲這個孩子，也不將王國讓給他的弟弟。孩子的血為至高無上的國王而流，但沒人從中學到什麼智慧。

我小時候曾對父親埋怨母親的憤怒，他會聽我說，但是沒有採取任何行動。他仍舊加班工作，母親覺得被拋棄而滿懷怒氣，我則依舊不被保護，就像夢中那個男孩為了父親的王國犧牲，我的母親、妹妹，還有我，都為我父親的野心所犧牲。

英雄主義的代價：女性特質的犧牲

榮格分析師瑪莉恩・伍德曼（Marion Woodman）寫道：「雖然不是所有女人都是爸爸的乖女兒，但我們都是父權階級制度下的女兒，儘管我們已經越來越意識到這制度的壓迫，**我們還是要睜開眼睛正視我們是如何把自己的智力、力量與情感都投射到男人身上**。」[18]自從當代女性主義崛起後，女人一直在男性主導的政治、商業與經濟體系中奮鬥爭取平等，但是許多女人仍舊沒有意識到自己如何深刻地繼續認同並反映父權制度的價值觀。一個女兒肯定會內化有關她性別的社會訊息，就如她會內化父母在這個方面更明確的訊息。這些社會訊息持續在各個階層支持著男性優先與男性主導權。即使當代女人在社會上比她們的母親更有能見度，更有權力，距離平等也還是很遙遠。

或許這個夢在告訴我們，我們對於男性——對兒子——的集體認同必須先死亡，女兒才可能誕生。女性特質必須從兒子的血泊中誕生，女人對父權掌控的認同必須先死亡，她們才可能意識到自己的女性特質。女人以及她們體現的女性價值已經為父親犧牲了數千年，而服務父權的古老神話也深植在我們的集體意識中。其中最悲慘的莫過於古希臘悲劇英雄亞格曼儂的女兒們遭受的命運。兩個女兒都為父權犧牲了她們的性命，一個是無知地犧牲，一個則是在恨意中犧牲——這個主題在全世界各地不斷重演，甚至直到今天。

亞格曼儂為了祈求大風刮起，讓他的船隊及時趕到特洛伊城，而將他天真無知的處女女兒伊菲格涅亞獻祭給神。他的任務是要去拯救被特洛伊英雄帕里斯綁架的他弟弟默涅拉斯的妻子海倫。希臘船隊集結在奧利斯，準備攻進特洛伊，但是海面上一片死寂，他們無法揚帆前進，直到亞格曼儂犧牲他的小女兒，來安撫海神亞提米斯。亞格曼儂欺騙伊菲格涅亞，召喚她來奧利斯，說要把她嫁給高貴的戰士阿基里斯。

亞格曼儂的妻子柯勒奈絲特拉無法挽救女兒的死，她的喪女之痛因而轉變為對丈夫的憎恨。在亞格曼儂從特洛伊返回希臘時，柯勒奈絲特拉殺了他。他們最大的女兒伊萊克特拉於是後半生都在哀悼父親的死，裹著破爛衣裳生活在城堡外，等著她的弟弟奧瑞斯特斯來幫她的父親報仇。她就這樣被恨意綑綁，失去了找回自己人生的能力。

爸爸的乖女兒成為父權制度犧牲品的程度取決於她遵從父權制度標準的程度——吸收父親的規矩與角色的程度。在《被蹂躪的新郎》（*The Ravaged Bridegroom*）中，瑪莉恩．伍德曼寫到：

從嬰兒時期就開始模仿父親的女人……幾乎沒有任何奠基於自己女性身體的女性認同。她認為的女性是男人所認為女性應該的樣子，她的自尊取決於男人的微笑與讚許，她始終在表演，不論是穿著古馳名牌高跟鞋，還是踩著堅韌結實的牛津鞋。在工作上及社會上，她都會自動變成一面鏡子，讓男人從她身上看到自己內在的女人。在親密關係裡，她會雕塑自己來展現她愛人的形象。[19]

我夢裡的父親說：「這是你的王國，所以你必須為它而死。」——所以這個王國毫不重視人際關係的價值，父親的王國不重視這孩子、他的靈魂，它重視的是秩序、法律、財產、邏輯跟階級制度，自古以來犧牲女兒的傳統必須結束。在父親至上的家庭或文化中很難重視女性特質——除非女兒自己覺醒。爸爸的乖女兒如果從不曾審視父親的黑暗特質——他的自私、貪婪、憤怒、否認——就會一味尊崇男人並視他們的價值觀為典範。他們有如天神，母親則被不屑地拋在一旁。對這樣的女兒而言，意識到自己的女性特質會感到像是對父親的背叛，她習慣了反映他的本質，而非她本身的，她與生俱來的女性本質將會一直黯淡無光，直到她開始正視自己的聲音、夢想與身體。

我們在第二章見過的南希直到發現自己陰道感染時，才被迫意識到自己的女性本質——在此之前她都對此視而不見，以十分具體的方式加以忽略。三十歲時，她正處於職業生涯的巔峰，她工作的事務所都在處理「全國最大、最有權勢、最性別歧視的、牽涉數百萬美元的破產案件」。她稱她的事務所是「陽剛中的最陽剛」。她才剛在海外工作一年，處理一件龐大的案子而且她是這個等於她家人的律師團隊中的唯一女性，這一年結束時，這個工作家庭也就解散了，而她感受到巨大的失落。

「從中東回來時，我知道自己先前是跟高手中的高手一起工作。這就是我努力追求的，身為他們其中一員，我終於擁有了我經由努力工作想要得到的家庭。但是當這個計畫結束時，他們就全都一哄而散。現在我的『家人』都不見了，我才開始思考，我是不是真的有過自己的家庭，我絕對不能是家中的父親！我要當這個家中的母親，但我的行為舉止都不像個女人。然後此時我開始染上各種陰道感染症狀。我一開始沒有意識到這些感染意味著什麼，我的身體不是我能控制的。但最後我終於明白我從來沒有接受自己身為女人的事實。」

發現自己的所有成就都無法使她快樂後，南希開始接觸心理治療，想找出自己最想做什麼。小時候她就牢牢記住百老匯音樂劇《夢幻騎士》（*The Man of La Mancha*）的主題曲的歌詞：「我將假冒成一個男人，進入我的想像，清楚看到他。」她一直把自己想像成一個男人，將離家去打仗，她確實無所畏懼地以律師身分英勇作戰，卻發現她害怕面對自己的內心。「我真的開始覺得內心深處有一個隱藏的箱子，我害怕如果打開它，就會發現有毒的廢棄物。」

接下來這年，南希治好了她的陰道感染，最後也終於向事務所協商拿到五個月的休假，讓她可以去嘗試寫作——這是她一直渴望做的事。她的同事無法理解她在做什麼，跟她展開心理戰，貶低她想要寫作的欲望，說他們希望找回「以前的南希」，但是南希並不想回到以前的樣子，她想要找回女性的自己。找到她女性的聲音對她是一個重大的啟示。

「我一生都在貶抑女人的聲音，覺得她們如果有本事在男人的世界撐下去，就一定會這麼做。很有趣的是我終於承認女人有自己的聲音、自己的權利，有別於男人，但都同等重要。」

英雄的死亡及女英雄的誕生

在人生的某個階段，爸爸的乖女兒都得面對一個痛苦的選擇：是要繼續對父親的英雄崇拜，以保有彼此間連結的強度；還是要把父親請下神壇，讓自己能有自己的人生。她不可能兩者兼得。《音樂盒》（*The Music Box*）這部電影生動地描繪了女兒如何被迫面對自己對父親的理想化，試著超越它，以獲得與父親的認同分離甚至是完全切斷的自我認同，電影以比喻顯示了女兒要脫離糾結的父女關係時可能面對的困難。幸好大多數爸爸的乖女兒不需要完全斬斷跟父親的關係，才能與父親分離而個體化，但她們確實需要深入檢視彼此關係的本質，才能脫離父親的投射而獲得自由。

在《音樂盒》的開場裡，女兒安妮・塔伯特充滿愛與仰慕地與飾演她父親的米夏・拉茲洛共舞。這位鰥夫對安妮及她的弟弟都非常仔細但嚴格地加以照顧，他很明顯地就是她的英雄。安妮離婚了，而拉茲洛對她的兒子米凱也是慈愛的祖父。她全然不知父親即將被起訴在二次大戰時犯下令人髮指的可怖戰爭罪。他被懷疑曾領導一個空軍特別部隊中的執行小組，專門負責在匈牙利處死猶太人跟天主教徒。

安妮很震驚父親被起訴，她堅信一定是弄錯了人。她成為他的辯護人，並找到類似的案件中誤判人別的先例。儘管有強大證據侵蝕她對於父親否認罪行的信心，她還是成功地讓父親無罪釋放。然而在面對檢察官刺探她父親究竟是不是「禽獸」時，她忍不住哭喊：「他不是禽獸，我是她女兒，我比任何人都了解他。」

但是安妮無意間在跟他父親同樣惡名昭彰的朋友的一個音樂盒裡，發現了的毫無爭議足以定罪的證據，而不得不面對她對父親的幻滅。那些老照片顯示拉茲洛穿著納粹武裝親衛隊的空軍制服，拿著槍對著一個被害者的頭。這項證據證實了她在法庭上聽到的倖存者的證詞。安妮驚恐地要求父親解釋，但他否認這是事實，跟她說：「我都不認識妳是誰了。米凱不會相信你的。沒有人會相信你。大家都會說是你瘋了。」

安妮當下就知道她父親永遠不會承認事實了。他的整個人生都是一個謊言，而她就是他的不在場證明。他身為顧家好男人的角色很方便地掩蓋了他身為冷血殺人犯的過去。安妮熟悉也深愛她父親仔細投射出來的形象，這個他希望她會繼續接受的形象。現在這個形象已經粉碎了，她必須接受真實的他，接受她父親會為了拯救自己而犧牲任何人，包括她。

陷入痛苦的她決定完全切斷與父親的關係。「爸爸，我永遠都不想再見到你，」她說，「我也不想讓米凱再見到你。爸爸，你對我而言已經死了，你已經不存在。爸爸，你不會知道我會有多想你。」安妮把這些定罪的照片交給了檢察官。

在這部撼動人心的電影裡，女兒在震驚中看到了父親如何利用她來達成他個人扭曲的目的，以及自己如何和父親共謀維持了他所創造的表像。她冒著被逐出社群跟摧毀家庭的風險，揭穿這個詐騙的英雄，重獲道德自主權，掌握自己的命運。她切斷了與她認定是英雄的父親原型的關係，才讓強大的個體化的自我得以出現。

《音樂盒》用了極端的例子來描繪一個強大的心理真相，也就是身為英雄的父親必須（象徵性地）死亡，爸爸的乖女兒才能忠於自我地活出自己的人生。她必須能把這個男人跟父親的原型分開，才能看到並接受他的黑暗與侷限——以及她自己的黑暗與侷限，並開始以她自己的形象創造她的人生，不再依照他的投射生活。對大多數爸爸的乖女兒而言，身為英雄的父親的死亡不會是由一樁戲劇性的事件引發，而是許多對父親（或父親的替代角色）的幻滅，和對自己人生的失望累積而造成。反諷的是，這樣不斷增加的幻滅正預告了女兒真實自我的誕生，即便這樣的誕生是經由英雄父親的「死亡」達成。

第五章

滋養或斬斷創造力

少了陰柔的特性，創造力不可能存在，而且我確定上帝絕對不只是陽剛或陰柔的，而同時是他與她——是我們的天父與天母。大自然的一切都反映出女性的陰柔的節奏韻律與創造的原則：海洋、土地、空氣、火焰，以及包含動物植物的所有生命。就如他們在週而復始的循環中死亡、出生、成長、繁衍、衰老，我們也始終身處於以月亮的、太陽的、行星為週期的，意義與變化的循環中。

——瑪格麗特．沃克（Margaret Walker），《關於身為女性、黑人與自由人》（*On Being Female, Black, and Free*）

創造是與生俱來的權利，每個孩子都有權利去發掘並表現他生來就有的創造潛力。創造的過程是一個陰柔的過程，有著如大自然的變換一般，應該遵守與尊重的循環。有些時期的活動豐碩肥沃，有些時期靈感與意象都處於休耕。一個小女孩開始意識到自己的欲望與傾向時，她會對自己內在肥沃的創造衝動開放，她可能會想要畫畫、跳舞、拉大提琴、成為體操選手或歌劇歌手。她需要許多召喚她天賦的刺激與挑戰的時刻，也需要父母的支持，容許她有機會去體驗成功，才可能實現這些創造性的衝動。

如同我們前面看到的，父親被認為是一座橋梁，可以連結和母親融合的內在世界與展現獨立、個體表達的外在世界。父親經常在女兒的發展中扮演第一導演的角色，身為一個誘人的外來者，吸引她脫離與母親的糾纏，邁向分離的個體。[1]根本上，女兒是被父親的角色的吸引力引誘，她想要和他一樣變得特別，在她眼中，母親相形之下是那麼普通。

在《女作家的自評》中，瑪莉．高登提到她如何因為父親而變成作家，因為她父親一向認定自己是家中有創造力的那個，希望女兒可以跟他一樣。即使並不是一個成功的作家，但他自認為是作家，也希望她能成為作家。高登從來不曾想仿效她的母親，因為她母親一直在做祕書的工作養家，母親做這種行政性的工作賺錢，讓高登深信母親本質上就很平凡。相對地，她父親則顯得很傑出，他教導她鄙視任何跟女人的世界有關的事物。他在她七歲時就過世了，而被留下的她深信自己是父親的女兒，而非媽媽的孩子。[2]

她的態度在成年後改變了。她慢慢意識到自己同時也是媽媽的女兒，而且身為母親的女兒深刻地影響了她的寫作。

如果我只是我母親的女兒，很可能我根本不會寫作，不會有自信走上這條世俗的眼光裡幾乎毫無價值的職業生涯。我做了符合我父親期望的事：成為了作家。我從小到大都習慣了把這件事歸功於他，但現在我明白我之所以成為現在這樣的作家，是因為我是我母親的女兒……母親教我在餐桌上聆聽別人的對話、教我記住別人的笑話。我寫作的主題更多是關於家庭的和樂而非宇宙的音樂。[3]

女兒和自身創造力的關聯受到她與父母的關係影響很大，但她的母親在其中的貢獻卻鮮少被肯定。思考能力通常都被連結到陽剛的原型，因此女人的創造力經常被歸功於她與父親的連結，但她母親的表達形式卻經常被忽略。許多父親都認為自己女兒的靈魂是由他的精神所滋養，覺得自己掌握著通往女兒心智的鑰匙。榮格心理分析師艾伯特・柯倫黑德（Albert Kreinheder）就寫到，一個天資聰穎的女子的心智首先都是由和她說故事、問她問題，和她玩頭腦遊戲的父親所喚醒的：

我的女兒在成長過程中變得非常熱中閱讀，有著很強的語言能力。我相信這個傾向有一部分的養成原因是我在她兩歲到五歲的期間跟她玩的一個小遊戲。我會唸一些字給她聽，要她一個個跟著我複誦——都是很少用且難唸的字，例如「雌雄同體的」—

（androgynous）「肉體的」（corporeal）「鐘鳴叮叮」（tintinnabulation）等等。那就像是將我們文明發展到極致的成果——語言與概念——的種籽，種在她年幼的心智當中。[4]

他接著將自己對女兒的教育跟一隻著名狗明星斯壯哈特（Strongheart）的訓練相比：「這項訓練讓我想到那隻狗明星斯壯哈特所受的訓練，他每天專注地坐著十到十五分鐘，聽他的訓練師唸經典的文學作品的片段。他被給予人類所能給予的最好的事物，而他也用他的世界中最好的事物回報。」[5]不幸的是，許多父親覺得教導女兒重複自己的想法跟意見等同於給予她這世界上最好的事物。幫助女兒學習如何清楚思考是一件事，但要求她照抄某個人的全套想法則是另一件事。

不論是否受到肯定，大多數家庭裡，母親仍舊是主要的照顧者，也是最早幫助孩子發展語言的人。是她在孩子身邊說出東西的名字，描述它們的顏色、聲音與形狀，並詢問孩子學到了什麼。這些母親與孩子之間的早期互動能幫助孩子意識到她周遭的世界。一個孩子如果被鼓勵並支持去跟這個世界互動，就能得到一把鑰匙，幫助她開啟自信，相信自己的創造力。

對爸爸的乖女兒而言，要相信自己是有創造力的人並不容易，因為她完全認同父親，不相信她自己的聲音、她的想法跟她的想像。她已經習慣了父親的聲音，習慣了他的想法與感知就是典範，害怕偏離這些典範就會招致批評。這本書中訪問的許多女人都說父親會容忍她們在創造領域的嘗試，卻鮮少是認真的支持，儘管不是真的阻擋女兒嘗試創造性的表達，但他們的冷淡與批評還是有澆冷水的效果。有些女兒被容許去上舞蹈課或美術課，因為那是「女孩子的活動」，但當她們要求認真地繼續學習時，就會被強烈勸阻，被勸說舞者是短暫而且痛苦的職業生涯，或者她們絕不可能靠當藝術家養活自己。乖女兒的父親們對女兒的支持經常是附帶相當條件的，不像我們以下所看到的理想的父親。

身為導師的父親

父親在女兒童年時如何回應她的想法、夢想跟願景，對於她能否在成人後表現出自己的創造潛能有著極大的影響。一個孩子一定要從父母或其他重要的成人身上得到支持跟鼓勵，才可能認真看待自己，重視自身的創造衝動。父親在這個領域的角色是位居核心且至關重要的，他如果能熱切關注女兒發展中的自我表達，表示願意幫助她達成目標，就是在肯定她的夢想與欲望。參與運動競賽、練習鋼琴、成為畫家、建造一間娃娃屋，或去阿帕拉契山脈健行等等，都需要專注力、體力跟特定的技能。在最理想的狀態下，擔當女兒導師的父親會像是一個睿智而忠誠的顧問、老師，以及不妄下評斷的教練。

當一個女兒覺得自己被父親看見、聽見時，她才會覺得可以安全地嘗試自身不同的面向，實驗自己的各種天賦。她會知道不論自己成功或失敗，都有個人在背後讓她依靠，這樣的支持讓她能在童年時成為完整的自己，畢竟在那時候要跟同儕不一樣是很困難的。如果父親以身作則地展現創造性的生活所帶來的喜悅與需求，她就知道她也可能做得到。這些滋養的行動都會幫助女兒跟自己的創造本質發展出正面的關係。

一位擔任女兒真正導師的父親會給予女兒通向外在世界的通道，即便那個世界也不是他所能掌握的。他將她視為平等的個體，只是暫時需要他的保護，他會幫助她設定目標，發展技能，表達自己的想法，**然後他就會退居一旁，讓她可以超越他並繼續前進**。

佛蘿是一位三十六歲的拉丁裔心理治療師，身為家裡兩個孩子中的老大，她始終比弟弟更認同父親。她小時候生活在因革命而殘破的古巴，青春期則在洛杉磯度過，但那些年裡，父親都教導她要自立自強。她眷戀地回想起很小的時候她父親就告訴她，她想做什麼都可以。「他不只是說說而已，他會挑戰我真的去做。他信任我自己去做每件事。他教我學會騎腳踏車，讓我可以自行去到任何地方，讓我脫離他而獨立。卡斯楚上台後，許多家庭成員被迫分開，被送去不同的勞改營。我十一歲時第一次去兒童勞改營前，父親教我怎麼做吊床。在我要被送去勞改營，離開家人的一個禮拜前，他說：『我不知道你會不會需要睡吊床，但是我先教你怎麼做吊床，以防你會需要。』」

「我們到了勞改營時，他們拿進一卡車的粗麻布袋丟在地上，說：『這是做吊床用的。』沒有人知道吊床要怎麼做，除了我，所以我就教我營房裡的其他四十個女孩子做吊床！我記得其他女孩子都一直哭，覺得很無助，但我的態度就是一切都會沒事的。」

「我們來到美國的時候，我學會了開車，然後爸爸說：『你要開車的話，就要知道怎麼換輪胎。』媽媽很保護我，她說：『別叫她換，那不是女生做的事。』但我爸爸說：『你一定做得到。』然後他就教我怎麼換。」

等到佛蘿要上大學的時候，她從未上過大學的父親在經濟上無法支持她，但盡力在其他所有方面支持她。「當我決定從醫學院轉到心理學時，他跟我說我想做什麼都可以。他會聽我說話，然後有時候會說：『我是這麼想的，』然後建議其他的選擇，但是他從來不會批評我的決定。我想他有感受到我們之間的教育落差，他卻從來不讓這件事變成一個鴻溝。他離開古巴的勇氣讓我也有勇氣離家去住在一個新的城市。他在我身上看到跟他自己過去一樣的開路先鋒。我告訴他我考慮搬去西雅圖時，他說：『真希望我也能搬家，但是我太老了。這是你自己的人生了，你該為自己的前途著想。』」

佛蘿的父親會問她想做什麼，並在情感上支持她去做，知道什麼時候該給她空間，讓她超越自己。他是人生導師的最佳典範，蜜雪的父親也是。

二十八歲的非裔美國人蜜雪是負責觀護觸法青少女的副保護輔導官。她父母在她九歲時離婚，她由單親的爸爸扶養長大，而父親給了她極大的自信心。她說：「他教會我所有事情，怎麼開車、怎麼打掃，甚至怎麼煮飯——只要我想學。他會以很正面的方式鼓勵我，說我很聰明很能幹，所以我也覺得自己確實就是如此，他會設下我知道不該跨越的界限。他是個治療師，雖然我不覺得他的職業影響了我選擇的工作領域，但他很會跟人相處，而我也是。」

蜜雪的父親以身作則地示範了照顧他人的重要性，而她現在幫助的女孩人生中就是缺少了可以滋養她們的父母的影響。佛蘿跟蜜雪的父親都有很健康的自我，將女兒視為和自己分離獨立的個體，他們知道父女關係的界限，不會把自己未被滿足的需要投射到自己的女兒身上。他們指出方向，給予支持，然後就退到一旁。兩位父親都以自己的方式支持女兒去實踐自己的創造潛力。

許多乖女兒的父親會因為籠罩在父女關係上的糾纏、認同與投射問題，而無法對女兒的創造性表現扮演導師的角色，這樣的父親太將女兒認同為自我的一部分，無法認可她有屬於自己的天分或希望。這樣的父親可能會示範創造性的成就，但對於自己女兒的創造和努力卻會嗤之以鼻或認為不過如此。一個人需要時間、內在的空間，以及被允許失敗，才可能去創作。如果父親對女兒的第一次嘗試就嚴厲批評，女兒會學到犯錯是不安全的，因此即使她還是強烈地想要嘗試某種創造性的表現，也會害怕實驗。她會發展出內在的批評者，告訴她說自己沒有足夠的價值，但也會刺激她繼續嘗試。但在另一方面，父親也可能無意間想經由自己的女兒去體驗他未完成的創造潛力，而過分膨脹地稱讚她，以致於她不能客觀地自我評價，而她自身的夢想也會迷失在父親的幻想構築的迷霧裡。

身為創造模範的父親

本身作為創造模範的父親會以他的精力與技能激勵她的女兒，即使他可能不會直接支持她萌芽的創造力。爸爸的乖女兒會認同父親的創造能力，而認定自己也有創造的權力。（他有創造力，所以我也有）即使她的父親可能會忽略她的天賦，她也會仿效他，而去展現自己的創造力。以下這個例子，珊曼莎的父親提供了充滿熱情的創造性人生的範例，但是因為他自戀式地全心投入自己的藝術創作，他的家人只能為他在藝術圈的名人地位「服務」。他給予他們的最重要的資產就是創造性人生的典範。

珊曼莎是一個成功的劇作家，她父親則是一位知名的音樂製作人。不論在白天黑夜的任何時間從工作室回到家，他都會以最大的音量演奏他最新錄製的作品。不論是哪種音樂——希臘小酒館樂曲、爵士、搖滾——他都沉浸在他協助創作的音樂中無法自拔。

「他會為自己創造的音樂欣喜若狂，」珊曼莎說，「那帶給他極大的喜悅。他一大早跟我們說的第一句話可能是：『你聽聽韋斯．蒙哥馬利（Wes Montgomery）彈的聲音，你聽那個貝斯的聲線，還有你聽得出來大提琴在做什麼嗎？』這些都很令人振奮。他很愛教導我們他正在聽的覺得很特別的東西，他幫助我們用他的方式去聆聽，而且他的耳朵真的是全業界最好的。」

青春期時，珊曼莎的朋友都在叛逆反抗自己的父親，但她很難對自己的父親叛逆。身為在一九六〇年代的青少年，她很難把有著敏銳耳朵而且正在幫有搖滾女王之稱的歌手珍妮絲．賈普林（Janis Joplin）錄音的父親跟自己的認同區別開來。為了建立自己的身分認同，她剛成年後就變成了常春藤的一員——成為受菁英教育的企業律師，也是一所專為男人設計的法學院裡第一位女性畢業生。她父親在她的人生裡一直是個如此會消耗其他一切的存在，使她不得不開拓出一個完全跟他分離的自我認同，因此她選擇了法律。這個選擇反映的其實是她與他分化的需求，而非她真實的創作熱情。最後，在擔任律師十五年後，她拋棄了原本的事業，成為一個作家，決心完全投入，不論最後會走到哪裡。她認為自己會有勇氣面對這個重大的人生轉變所迎來的未知，要歸功於她父親。

她說：「投身於創作過程帶給我極大的喜悅，這是我看我父親完全臣服在他製作的音樂之美中而學到的，那種喜悅是很難觸及的深刻的自我。大部分人都要很幸運才能偶爾感受到，但我看到父親經常都身在其中。我自己也是偶爾會感受到，但我之所以知道人有可能感受到這樣強烈的喜悅，都是因為我親眼見過。這都是他帶給我的。」

珊曼莎所描述的，就是當一個人被准許去實驗時，所可能體會到的創作過程中那開闊的、流動的、廣大的感受。她看著父親在受到謬思召喚時埋首工作，她也了解到創作生活其中的高潮與低谷。他傳達了自身對聲音的愛，也給了她勇氣去追求她對文字的愛。當她賣出她的第一部劇本並建立她的寫作工作室時，她父親的照片是第一件她帶進工作空間的東西。

珊曼莎的父親示範了創作過程的喜悅，我的父親則示範了孕育創造靈感誕生所需的自律與毅力，我父親批判性的眼光及對完美的執著主宰了他的創作，也形塑了他對於我最初嘗試繪畫的反應。他天生的藝術資質與他在專業及私人生活上的高標準使他不可能是個有耐心的老師。他認為我欠缺天分，這個事實削弱了我本來有的技巧，還有學習的欲望。

但我父親永遠都有夢想，而且是遠大的夢想，他也以身作則地讓我跟我姊姊知道，如果我們專心投入，任何事都是可能的。我們都驚異地親眼見證他從旅途中蒐集到各種影像與靈感，並將它們運用在他與我母親建造的每棟房子。他在他們現居的屋子親手鋪設的大理石門廳地板如實地重現了他六十年前青少年時，在曼哈頓送電報去的一棟公寓大樓的入口大廳。

雖然父親沒有直接支持我在藝術上的夢想，但他親身示範了將夢想變成現實所需要的自律與動力。他帶回家全系列的霹靂馬品牌（Prismalcolor）色鉛筆和其他可以滿足所有小女孩幻想的繪畫用具，並允許我去嘗試，但同時他又讓我進退兩難：他展現自己的天分誘使我想嘗試各種可能，但他的批評又讓我知道他的天分永遠不會是我的天分。不過我依然很感激他示範的創作生活，激勵我發展出自律，也激發我自己寫作的欲望。

身為受創藝術家的父親

大部分的男性都很想在世界上留下難以抹滅的印記，所以許多父親會試圖影響或控制自己的孩子如何過他們的人生，藉此在身後延續他們的成就。[6]很遺憾的是，現在的社會文化裡，許多男人都因身為男性以及負擔養家的責任，不得不放棄創作的夢想。如果他們忘記了創作過程中的喜悅，或者不得不妥協而犧牲自己的美感，他們便不太可能去支持女兒獨立的創作欲望。尤其如果一位父親年輕時的創造力不被支持，甚至遭到公然貶抑，他可能就會試圖去掌控，進而「佔有」女兒的創造表現。

我們在第三章見過的雀喜一直認為自己就是爸爸的乖女兒。「我長得像爸爸，而且我一直都很認同他。他很有活力、很幽默，也很戲劇化，我也是情緒表現相當誇張的人。我母親有憂鬱症，有時候甚至想自殺，可想而知我完全不想像她一樣。父親很慷慨，我也很信任他的愛。」

雀喜的父親對她的教育和創作天分很投入。她八歲時就會寫短篇故事跟劇本，十一歲時會寫長篇小說，十二歲開始寫詩。她父親看過她全部的作品而且熱愛她寫的所有東西。他自己並不常從事藝術活動，雖然他會吹小號，但多年前他就決定不認真追求音樂生涯，因為他知道自己永遠不可能成為成功的爵士樂手，而他是極度在乎競爭與成功的人。

雀喜的父親拋棄了自己的創作潛力，轉而強烈地專注於雀喜剛萌芽的天賦，以至於她花了許多年才得以分辨父親的評價到底有多少是因為她真實的能力，又有多少其實是父親說給自己聽的讚美。近二十歲時，她開始意識到父親對她的潛力的看法實際上妨礙了她寫作能力的發展。他誇大她的天分到一個地步，讓她很難分辨自己寫得好或不好。

「他希望我們一起工作，」她說。「他希望我和他一起寫一部百老匯音樂劇。我才開始意識到他的鼓勵更多是為了他自己和個人的需要，而不是為了我。他的期待總是太超過，但是我也不想讓他失望。那個時候，我還是需要他對我引以為傲。」

雀喜二十歲出頭時決定追求她的寫作事業，於是她從東岸搬到科羅拉多州，在書店工作，並擔任畫家的模特兒，同時從事寫作。二十四歲時她就知道自己必須跟父親分開。「他期望我努力成為作家，同時又很有錢。我在努力建立作家的生活方式，但他對於我沒有一夜成功感到震驚，他失去了對我的尊敬，因為我沒能實踐他的夢想。」

雀喜的父親就像許多把自己命運交付在女兒身上的父親一樣，對女兒過度認同讓他無法看到真正的她。她知道需要與他拉開距離，因為她已經如此習慣父親對她的看法，以至於她根本看不清楚自己。他需要她成功，這干擾了她寫作的意願。她在科羅拉多寫作了四年，然後回到東岸，進入出版業。她從那之後就再也沒有寫過劇本，而她知道寫不出劇本的部分原因是她內化了父親對她成功的渴求。

就像雀喜的父親一樣，我們第二章見過的露亞的父親也是有藝術天分，卻沒有追求藝術生涯，不過他經常投入有創造性的計畫，並且他身為製圖師與建築工程師也很成功。露亞成長在一個南方的家庭，在當地，女孩子的美國夢就是去參選美國小姐。她是四個孩子中的老大，因為有繪畫的天分得到父親另眼看待，一年級時她就能臨摹出他畫的一張圖，顯示她可能遺傳了他的天分。

「隨著我越來越投入畫畫，我想父親也覺得我是在仿效他，繼承了他的天分，他有個姑姑是畫家，所以他認定我得到了家族遺傳的寶藏。他一直都很高興我長大後進入藝術這一行，我的畫作能公開展覽，而且經濟上我也過得很不錯。」

露亞的父親從不容許自己有時間或空間去回顧，他被自己內在追趕期限的習慣驅使著，露亞成長過程中也吸收到了這點。她內化的父親的聲音仍舊不斷對她下令，讓她得奮力搏鬥。她說了下面這個故事，以追溯始終圍繞在她的創作過程中令人無法喘息的壓迫感。

「一九七六年時，父親帶我跟我先生去蘇格蘭旅行了一趟。我們以時速九十英里的速度開車，在一週內走遍了蘇格蘭，那真的很荒謬。我父親完全展現他的本性，淘淘不絕地對我們說他看到的風景、他知道的歷史。那根本不是漫遊或度假。事實上，他在我小時候帶我們去旅行的方式就很像這樣——很瘋狂。每當他主導，負責開車時，就什麼都得聽他的，我們就像他的人質一樣。」

「有一次，我們在某個地方停下跟三個蘇格蘭小女生問路。她們都綁著辮子，提著午餐袋，正開心地跑跑跳跳，我們就突然緊急煞車在他們旁邊，我爸爸大吼：『丹地怎麼走？』」

「她們看著彼此，手摀著嘴巴，努力想應該怎麼跟我們說怎麼走。但父親覺得她們太慢了，所以他又大吼一聲：『算了！』然後馬上又猛踩油門開走。我們揚起塵土飛馳而去，留下這三個女孩困惑地面面相覷。她們連講話的機會都沒有——我完全能同理她們的心情！從小到大，許多次我都是這樣站在角落，看著我父親飛馳到他下一個目的地，在我面前揚起一片塵土。」

露亞的父親一向比較在乎進度表、目標跟永遠保持活躍，而非暫停、休息或反芻。露亞跟許多爸爸的乖女兒一樣，都深受這種專注於進度與競爭，而非注重過程與流動的陽剛能量影響，不得不一直和這種內化的心理動力抗衡。

「雖然他似乎默許我發揮創造力，」她說，「但我一直覺得他鼓勵我是因為我反映出他自己人生裡從來沒能實現的一項天分。他讓我進退兩難的訊息是：『成為藝術家，但要照我的方式。』我沒有挑戰過他的界線，也從未想過要測試他對我的愛，我仿效他高度的活動力與生產力，但這並沒有讓我得以創作藝術，最後我只覺得自己是在製造藝術品。以前我的工作模式並不尊重循環、陰柔的價值觀，以及身體的節奏。現在我覺得必須趁自己被燃燒殆盡、完全不想繼續之前，重新開始找到屬於我自己的方式。」

雀喜的父親視女兒為自己的延伸，過度膨脹她的天分，使她難以自由地表達創造力；而露亞的父親則只有在女兒的發展反映出自己天賦時，才會加以鼓勵，雀喜跟露亞都必須努力掙脫父親對她們創作生活的過度認同，她們都從父親那裡接收到必須創作的壓力，但都不被父親允許以忠於自己的方式創作。她們都得有勇氣對抗父親的禁令，也需要願意走上不同的道路。

不幸的是，許多爸爸的乖女兒由於父女間糾纏的連結，而犧牲了自己的創造力。女兒如果從來不曾主導自己的創造力，就會把創造力投射到父親身上，因為父親會邀請她進入充滿

「他的」意象與幻想的世界。她的作用是把父親連結到有創造力的自我，而非實現她自身的創造力，她是連結者，不是主動者。她將無法認識自己的創作衝動，而永遠不可能實踐自己的夢想。就像以下這個格林童話中的「無手少女」的故事裡，磨坊主人的父親剝奪了女兒創造自己世界的能力，拿來跟魔鬼交換自己的創造力。

無手的少女

在這描述父女之間犧牲與失去的格林童話，一個磨坊主人生活陷入困境，被森林裡的陌生人欺騙，答應用「站在你磨坊後的東西」換取一大筆財富。[7]這個陌生人說：「你何必這麼辛苦砍柴？只要你答應給我站在你磨坊後的東西，我就可以讓你變得富有。」[8]磨坊主人答應了這個交易，因為他以為站在磨坊後的是一棵蘋果樹，陌生人說他將在三年後來收取他的報酬。磨坊主人從森林裡回到家後，太太斥責他怎麼如此愚蠢。「你一定是遇到了惡魔！」她驚恐地大叫。「他指的不是那棵蘋果樹，而是我們的女兒啊，她那時候正站在磨坊後打掃院子。」[9]

魔鬼來臨之前，這女兒還有三年的時間，於是這段時間裡她都過著很虔誠的生活。魔鬼來帶走她的那天，她沐浴淨身，穿上全身白色，用粉筆在自己身邊畫了一個圓圈。魔鬼看到她拿來沐浴的水桶，就無法靠近她，於是他對磨坊主人說：「把水桶拿走，讓她再也不能洗澡，不然我的魔力就對她無效。」[10]

磨坊主人因害怕而順從了，於是魔鬼第二天早上再度來領這女兒，但這次她哭濕了自己的雙手，因此魔鬼再次無法接近她。魔鬼怒不可遏，要求磨坊主人砍掉女兒的雙手，不然他就要帶走磨坊主人。

父親對魔鬼的要求感到震驚，但還是同意照做。他恐懼又羞愧地對女兒說：「我的孩子，如果我不砍下你的雙手，魔鬼就會把我帶走，我太害怕了就答應了。請為我滿足我的需要，原諒我對你造成的傷害。」女兒回答：「親愛的爸爸，我是你的孩子，你想怎麼對待我都可以。」[11]

這少女把自己的雙手放在砧板上，父親就把她的雙手砍了下來。魔鬼早上再度來到，但是她哭泣了整晚，淚水浸濕了她的殘肢，於是他再次無法接近她。魔鬼第三度失敗了，不得不放棄對她的任何權利。

磨坊主人告訴女兒說，他因為她的犧牲而得到了巨大的財富，所以他會好好照顧她。但她拒絕了，她說她再也無法待在他身邊。「我無法繼續待在這裡，我會離開，同情我的人會給我我需要的。」[12]她請求將她砍下的雙手綁在她背後，然後就離開了。故事接下來講到這少女漫遊到世界各處，遇到了許多人，而他們確實也幫助了她學會克服更多阻礙。經過了一段時間，少女經驗了個人化的歷程，她的雙手長了回來。

無手少女與父親的分化，就從他拿著斧頭砍下第一刀開始。毫無戒心的天真女兒為父親而犧牲了，她在忍受了犧牲之後才意識到他們之間關係的本質。這個故事裡的磨坊主人窮困潦倒，但他不去做艱難的、卻會帶來真正回報的自我覺察工作，而是犧牲了象徵他情感與創造力的女兒。女兒放棄了代表她在這世界上創造的、權力的雙手。她的創造力受創了，但這傷害卻引發了她的分化與個體化。她不再信任父親會將她的最佳利益放在心上，因為他自己也太過受創，她看到了他真實的樣貌：一個會為了拯救自己的性命而犧牲子女的父親。這對她而言是艱難的一課，卻是讓她從天真的狀態中驚醒所必經的。她現在知道她必須離開父親的家，開始過自己的生活。她離家進入這個世界，相信她可以得到必要的幫助，走出自己的路。

一個為了追求成功與權力而否認了自己創造力的父親，必然也會要求女兒做出同樣的犧牲。就像那個愚蠢的磨坊主人，他對自己的行動毫無覺察，他只看得見自己，阻礙了自己的視野，但無法阻擋他所作所為的殘酷現實。女兒的創造力所受的創傷必須由女兒自己療癒，就像那少女在離家時所清楚知道的。而少女雖然沒有在父親砍下她雙手時哭喊出來，但大多數女人都會為自己的創造力受到阻擋而哀傷。療癒就從傷口的鮮血裡開始，女兒必須不再倚賴父親的讚許以支持她的創作人生。

爸爸的乖女兒最初受的傷是父親對她的女性自我的否認，女兒最初對母親的否定使她脫離了母親內在所蘊含的創造領域。脫離了黑暗、濕潤、源自大地的、原型的女性特質，等同使她看不到屬於自己創造力的祕密。一個女人必須成長超越爸爸乖女兒的心理狀態，才可能雕鑿出她希望實現的真實。除非她能治癒她女性本質所受的傷，否則她將永遠不會有真正屬於自己的力量。

第六章

女人與權力

父親的身後佇立著父親的原型，而在這預先存在的原型裡則隱藏著父親權力的祕密，就像驅使鳥兒遷徙的力量不是產生自鳥兒本身，而是來自牠的祖先。

——卡爾．楊．容格（Carl G. Jung），《佛洛伊德與心理分析》（*Freud and Psychoanalysis*）

數千年以來，父親的原型在家庭與社會裡一直承載著帝王、保護者、祭司甚至神的權力與特權。法律、秩序與階級制度都由父親的原型具體體現，它也代表了保護、生計與身分的承諾。父親原型的正面表現是「睿智的國王」，整個王國（與他的家庭）都圍著他轉，就像舊約聖經裡的所羅門王，睿智的國王會抱持同理心、善用他的權力、照護他身邊的所有人。[1]

相對地，父親原型的負面表現就是「父權至上的國王」，以嚴厲不公的方式濫用他的權力。他以專制獨裁的方式統治他的王國（和他的家庭），引發他人的恐懼，要求完全的服從及忠誠，就像新約聖經裡的大希律王，父權至上的國王是個暴君，會消滅任何威脅他權威的人。

個人的父親被賦予父親原型的權力與力量，就像父親原型一樣，他也會顯現正面與負面的特質。體現睿智國王特質的父親會以公正、有建設性的、寬容的方式行使他的權力，鼓勵他的女兒利用自己的能力與同理心為這個世界帶來正面的改變。他會讓她覺得自己有能力，可以成為任何自己想成為的樣子。他得到同儕及家人的尊重與景仰，他的女兒會於私人生活與社群裡仿效他運用權力的方式，讓她在長大過程中得到強大的內在權威感。賈姬·杜邦—沃克（Jackie Dupon-Walker）就是這樣的女人。

杜邦—沃克是一位地產開發商，在洛杉磯建造了供年長者居住的低收入戶公寓社區。她父親以前經常帶他的五個孩子去看佛羅里達州首都塔拉哈西（Tallahassee）邊緣的空屋，跟他們說這個區域可以如何成長發展。他是個牧師，曾經帶領抵制種族隔離巴士的運動，也是從南北戰爭後重建時期以來第一個在家鄉競選民意代表的非裔美國人。賈姬仿效她父親的眼界與影響力，將她帶領的非營利社區發展組織跟當地的非裔美以美教會（African Methodist Episcopal Church）結合起來。現在她也利用身為地產開發商的能力為社區建造平價住宅。[2]

相對地，體現父權式國王的父親則會以權威甚至獨裁的方式運用他的權力。他可能會讓人覺得高高在上、恣意而為、自以為是、冷漠而嚴厲。他統治他的太太與孩子，主宰整個家的氣氛。他的孩子不能直接去找他，任何有關心情的，或者經常是關於錢包的事情，太太都是他與孩子之間的中介者。父親定義規矩，母親則負責請求寬容、彈性與容忍。儘管母親可以跟父親商量，但父親依然掌握最終的權力。這種家庭長大的女兒會學到權力是階級化的，善變而且不公平的，而且她也沒有屬於自己真正的權威。她會被教導，必須設法證明自己的價值，她的價值取決於地位比她高的人的價值觀。[3]

摩門教男孩現在仍使用的一本手冊引述了一位二十至二十一世紀交接時代教會領袖的話，這段話就說明了這種類型的父權權力：

> 父權秩序來自神，而將持續到永久。這就是為什麼在神的子民的家庭裡，男人、女人、孩童都應該了解這個秩序與權威……這不只是誰可能比較有資格的問題，更不是誰的人生比較有價值的問題。這絕大部分是**法律與秩序**的問題。[4]

這種父親原型裡隱含的是父親會運用權力來保護跟養育女兒的承諾，但個別的父親會如何運用他的權力來實踐這個承諾，究竟他會是睿智的國王還是父權的國王，取決於多種因素：來自當時文化、社會及經濟的影響，還有他自己有什麼樣的父親。在這些變因之外，被理想化的父親對他偏愛的女兒的承諾中，最重要的一點是，父親會為了偏愛女兒，而將妻子排除在外。依據這盟約中暗示的條款，被女兒認定為完美、強大、充滿愛的父親會運用他的權力來照顧她，只要求她始終忠心耿耿——**只要她一直仿效他所重視的行為**——即使他不完美、自我中心、或根本缺席。

根據個別父女之間的關係不同，盟約也會有不同的形式。女兒可能會無意識地同意了永遠不會真心愛上別人，因為她的心只屬於爸爸；也可能會為她的母親、兄弟姊妹負起責任，讓爸爸可以自由地追求他自己的冒險；她可能無意識地誓言永遠不讓爸爸失望，因此成年後都精疲力盡地追求父親永遠沒有真正認可的高成就；又或者她可能棄絕自己女性的性感、創造力與靈性，無意識地只支持父親的一切。只有當爸爸的乖女兒認識到這暗示性盟約的束縛力，她才能找回自己的身分認同，重新獲得她在這項盟約裡喪失的權力。

爸爸的乖女兒確實可以「直達天聽」——她有跟父親一樣的外表特徵、才能與觀點，這是她母親和兄弟姊妹沒有的。她成為父親的心腹、同伴，並且在這個前提下也分享了他的某些權力。她會有最靠近「王位」的幻覺，至少直到青春期為止，因為此後她可能會發展出自己的身分認同而失去父親大部分的關注。即使父親沒有鼓勵她的獨立發展，她也會繼續服從他的旨意，因為她已經忠實地把父親的旨意內化到自己身上，直到成年後許久。雖然她可能把這些旨意投射到另個男人或體制上，實際上她卻仍舊是遵照著父親的規矩而活。她會繼續經由心中內化的父親來定義自己的身分、地位、價值觀，不論這內化的父親是由一個配偶、老闆、公司、老師、學術或宗教機構、政治目標或她事實上的父親來顯現。不論她的父親在或不在，活著還是過世了，父親的規則與意見都會定義她內在世界的地圖。十九歲的大學生麗蒂亞說：「我不知道沒有我爸爸該怎麼辦，我凡事都會詢問父親的意見，即使他都說我想怎麼做都好。但不管他建議什麼，我很可能就會照他的建議去做，他是我最重要的動力，我永遠都在努力讓他以我為傲。如果我不能為他做到最好，我自己就會很失望。」

很多女人很驚訝地發現自己被這種想取悅父親、想遵照他價值觀去生活的欲望綑綁得多緊，以及她最終可能因此覺得多麼缺乏權力。一個女人描述了她父親的規矩，「你絕對不能失敗」如何讓她受困於飽受折磨的婚姻裡，讓她無法離婚、承認挫敗。因為父親持續佔據她心靈的「寶座」，以至於她不知不覺地削減了她自主性所擁有的智慧，否認自己需要離開這段婚姻，直到她的健康受到負面影響。

這樣的爸爸的乖女兒會隨身帶著父親的聲音做為自己的監督、裁判、批評者，而很難信任自己的判斷。[5]由於大多數爸爸的乖女兒都習得了該如何回應並服從這內化的權威，她們可以很有技巧地參與男性世界的權力互動。她們最大的挑戰是發展出可以與父親的話旗鼓相當的內在權威感。

內在與外在的權力

權力有很多種類型，包括政治的、社會的、創造的、靈性的、智性的，而行使權力的方式也有很多種，可以透過各種策略來強化統治、鼓勵合作或促進融合。我們在此要探討的是爸爸的乖女兒如何從與父親的關係中內化她對權力的理解，包括理解權力內在與外在的顯現。外在的權力是指經由在團體中的地位、階級與影響力所顯現的，不論這團體是家庭、公司、軍隊、學術、政治或宗教組織，行使外在權力的人都已經發展出影響別人的能力。在最正面的情境中，擁有權力的人是以自己的眼界激勵他人，用自己的熱情說服別人相信他的觀點是正確的。如果他們善用自身的權力，成為他們人際影響範圍內睿智的管理者，他們通常會於前往特定方向的道路上獲得尊敬及贊同。個別的父親也是如此，如果爸爸的乖女兒有個公正行使權力的父親，她也會懂得在外在的世界善用她的權力。如果相反地，她的父親以獨裁的方式行使權力，那麼她就會學會仿效或逃避他這種自以為是的，嚴苛而控制的行徑。

內在權力是一種內在權威感或自立自強的意識，小孩子會學習根據自身的感受為自己做選擇，獲得父母肯定，進而發展出內在的權力感。他們會越來越知道自己可以做出健康的選擇，發展出自我價值感、自信與能力。這內在的「自我」就變成他們的內在權威，也是他們惟一需要服侍的神。與這樣的孩子截然不同的，是學會必須對父母的期待與壓力（外在權威）做出特定回應才能確保自己是安全的、安穩的孩子。父母的格言，而不是內在的自我，規訓著這類孩子。雖然爸爸的乖女兒可能將父親正面而外在權力的表現內化，但內在權力卻不見得能如此內化而來。身為爸爸的乖女兒，她會接收父親的期待與判斷作為她唯一的權威，很難獲得深刻的內在價值感或自我賦權感。她會質疑自己的內在權威，當面對第一個挑戰，尤其是來自男性的挑戰時，就全面棄守。她無法分辨對自己而言什麼才是真實的，只好把權力拱手讓給任何她想要取悅的人。

性別與權力

一個人必定要先有內在價值感，才可能獲得有權力的地位。與我談過的許多女人都表達不願意去追求外在世界的權力，因為欠缺方法、欠缺支持，或因為家庭中有反對女性擁有權力的性別偏見。只有少數幾個女人描述她們父親如何積極鼓勵她們的志向與事業目標，甚至期盼她們的成就遠超過不依靠男人就能謀生的程度。追求外在權力隱含著風險，而大多數女兒都被教導安全為上。席格妮・漢默（Signe Hammer）有另外一個說法：「我們沒有從小到大忙著跟女孩或女人競爭統治階層上的地位、學習合作的藝術、彼此套交情交換好處，或跟我們不喜歡的女孩或女人並肩工作。我們都忙著跟爸爸互動。」[6]

當代女人持續掙扎著試圖平衡對於外在世界權力與權威的追求，以及她們對親密關係的需求。在今天的世界，當一個女人（或男人）走上追求權力的道路時，都得冒著分離與孤立的風險，許多女人更重視人際情感的連結，而非建立與維繫權力地位所需的排他而專一的精力，社會也告訴她們這是她們「應該」重視的。哈佛的教育學家凱洛·葛林根（Carol Gilligan）突破性的男女兒童發展研究顯示，女孩會選擇人際連結勝過競爭，男孩則相反。[7]這個模式在童年早期就建立，將持續到女性成年後的家庭與工作生活裡。大多數家庭跟工作環境裡，女人被重視的都是人際關係。有權力的男人通常都有妻子跟孩子的支持，家庭環境是他們的保護墊及支柱。相反地，當今社會上許多擁有權力地位的女人都必須在婚姻、生子、育兒跟追求事業之間做出抉擇。

精神分析師珍·貝克·米勒（Jean Baker Miller）解釋說女人害怕如果她們在世界上追求權力，就會被認為是自私自利、忽略家庭。女人成長過程中的文化與社會期待都要求她們支持其他人（老闆、丈夫、兒子）獲得權力，而不是支持自己。她們害怕如果自己變得有權力，就會被逐出社會。[8]

在我這個世代女人所成長的年代，大多數的母親沒有家庭以外的事業，因此也不可能於外在世界行使任何實際的權力（包括政治、經濟、社會、學術、靈性的權力）。因此與其認同被家庭綁住的母親，這些女兒開始認同她們的父親，但即使她們的父親鼓勵她們在男性的工作競技場中追求事業，她們也沒有女性的角色模範可以讓她們看到該怎麼做，結果是她們所理解的「權力」與「愛」的領域是截然二分的：女兒們學到她們不可能兩者兼得，她們只能選擇在婚姻與家庭生活上成功，或者在事業上成功。

時代在改變，女人身處外在世界逐漸獲得能見度與權力，而一代接一代的女兒們也不再只能藉由認同父親，來想像自己長大後可以擁有成功的事業。她們將可以從自己的母親身上學到工作與愛不一定要是互相排斥的，但在此之前，女兒們仍會持續在自己身為女性的角色跟她們對事業的追求之間感到衝突。我們在第五章看過的珊曼莎談到這樣的角色混亂是如何干擾她發展清晰的事業目標。

「一方面，我父親總是說：『不管你想做什麼，你一定都會做得很好。』另一方面，我有個非常傳統的母親，她總是說：『等你長大，你就會結婚，生小孩，住在郊區的好房子裡。』這對我而言很混亂。我想我從來沒有確切的事業目標，雖然我選擇了一個很有權力的職業，但我在永遠都很清晰聚焦的工作環境裡，始終都很格格不入地無法專注。我以前會在工作的法律事務所裡走來走去，看著那些一週工作八十小時的人升上合夥人，但我根本無法想像這樣工作，那樣強大的動力對我而言很陌生。我想我一直都沒有自己的目標或個人的驅動力，直到我四十歲出頭開始寫作時。」

我們在第四章見過的珍妮佛則有正面的經驗。她的父母，尤其是她的父親，扮演了核心的角色，促使她相信自己有能力成為一位成功的訴訟律師，一個典型的刻板印象中需要陽剛地運用權力的工作。珍妮佛記得父親持續地鼓勵她做任何她想做的事。「他從來不會說：『那不是女生做的事。』或『女生不可能做那件事。』教我有自己的觀點並為此辯護。他的座右銘是：『為你相信的事情挺身而出捍衛到底，無論結果如何。』我因此學會信任自己，爭取我想要的。」

一個孩子會藉著評估自己的技能，並在自身的評估獲得肯定後，發展出一套目標以及對自己能力的信念。如第二章討論過的，一個孩子是從別人看待她的方式學會看待自己，如果一個父親認為他的女兒聰明、有責任感、擁有在世上施展權力與權威的潛能，他跟她的互動就能進一步支持她的這些特質。藉由他的教導並幫助她學習如何解決問題，成就任務、與承擔風險完成目標，她會發展出強烈的自信與能力感。可惜的是，許多父親不會對女兒提供這樣具體的支持，而爸爸的乖女兒也不例外。

在《父親如何養育出成功的女兒》（*How to Father a Successful Daughter*）書中，妮基·馬龍（Nicky Marone）引述研究寫道，父親對待兒子會強調解決問題和完成任務，但他們對待女兒的重點則是各種和善的行為，例如開玩笑、哄、鼓勵、拯救、保護和嬉戲。父親對男孩子有比較高的標準，會回答比較任務導向的問題，但對女兒則比較在乎她們的情感安慰。[9]這種分化的回應會產生兩種截然不同的結果：兒子知道他們被期待解決問題，並在長大後在權力地位上做高階的決策，女兒則認定她們需要被保護，而她們設定目標及解決問題的能力則一直沒有被開發。女兒從父親這樣不支持的態度得到的結論就是，她們沒有權利及能力追求世界上擁有權力或權位的地位。爸爸的乖女兒則是發現自己有另一種束縛：因為她們很認同父親，因此她們跟兒子一樣知道自己被期望什麼都能做，卻沒有被教導該如何做。她們沒有被教導如何精通特定的技能，也沒有被要求要如何達成獨立的目標。她們感受到父親對她們的潛力充滿熱情，卻沒有足夠的裝備去達成父親的期待。

當父親沒有支持女兒，沒有與她討論她有什麼目標，以及要如何達成目標，她得到的訊息就不會是她有權力掌握自己的命運。事實上，很多女人都被告知她們的命運就是等待被拯救。親職研究中最明確的發現就是女兒通常都會被教會「習得性無助」（learned helplessness）。在珍・布拉克（Jean Block）進行的一項研究中，他們觀察父母幫助小孩解決一幅很困難的拼圖，發現父親在女兒還沒要求幫助前就會拿起拼圖片放在正確的位置，卻會耐心地等待兒子尋找解決方法。一個總是要出面拯救跟解決問題的父親，實在無法幫助女兒在這世界上學會獨立自主。

雖然這些女兒都被清楚地教會「習得性無助」，但爸爸的乖女兒接收到的是更矛盾的訊息：她們被教導要跟父親一樣，堅持自己的立場，但是當她們真的堅持自己的獨立時，她們的父親又會突然出現、掌控大局，擺出上對下的態度。「你永遠都是我的小女兒」或「我都會幫你」這類話語讓女兒相信自己是無能的，必須依靠他人，這種行為只是滿足了父親自覺是英雄的感覺，卻同時損傷了女兒獨立在這世界上生活的能力。女兒需要從父親那裡知道的是她可以自己應付臨時發生的任何情況，他會相信她的判斷，而「如果」她要求的話，他會在身邊提供資訊與建議支持她。[10]

葛洛莉，一位優秀的九年級生，想要建造一個立體的莎士比亞劇院模型，用於她的英文課報告「威尼斯商人劇本分析」。她收集了需要的材料，完成了設計，正開始為這個模型切割紙板時，她的建築師父親下班回家。「葛洛莉，寶貝，這想法太棒了，但你的設計沒有按照比例，我示範給你看要怎麼弄。」

深愛也崇拜父親的葛洛莉於是移動到桌子的旁邊。三小時後，她父親完成了劇院的模型，模型的比例非常完美，但這讓她很難受。模型太完美了，老師絕對不會相信是她自己做的，而且父親也毀掉了她從中發掘自己設計才能的喜悅。父親的幫忙傳達了他相信她無法自己建造這個模型。葛洛莉也無法告訴父親她真正的感覺，因為她不想讓父親難過，她假裝自己喜歡這個模型，然後她回到房間去大哭。

父親如果對一個小女孩傳達她無法自己生活的訊息，就會讓她對獨立生活的可能感到驚慌，她會覺得光靠自己是很無力的。她的身分認同跟他綁在一起，她會經常在談話中講到父親，認同他的地位與力量。成人後她也會黏著一個強大的配偶或老闆，無法相信自己能夠獨立生存。

為父親工作的女人

父母教養子女時的性別偏見經常會反映在孩子成年後的樣子。為父親工作的女兒經常很難說服父親認真地看待她們，讓她們繼承老闆與業主的位置，許多父親無法適應讓女兒在自己的事業中居於掌舵位置，許多女兒小時候就不被鼓勵進入父親的事業；相反地，兒子則是被鼓勵，甚至經常是被逼迫。多數父親都會考慮讓兒子而非女兒，擔任自己的繼承人。

報導記者芭芭拉．馬許（Barbara Marsh）檢視了試圖在父親的事業中繼承家業的女性的經驗。她寫到這些女人想在家族企業的階層中往上爬時，經常違反了只有兒子才可能入選的默示的家族教條。她發現儘管女性善於合作及平衡家庭跟工作，也經常是傑出的家族企業經理人，但女兒幾乎會被略過，最終都是兒子雀屏中選。她寫道：「研究顯示女兒會被期待懂得照顧人、忠誠、不要求太多——而她們實際上也是如此。但兒子則通常會跟人衝突對抗，所以要求更多『家族企業中的權力』的女兒經常會受傷。」[11]

馬許訪問了這些為父親工作的女兒後，發現她們的父親通常都拒絕給予女兒管理上的權威，直到某個危機影響他們自身或兒子的能力。奧克拉荷馬州土桑市的國際石油公司（Petroleum International）執行副總瑪莉・麥克馬洪（Mary McMahon）說她一開始為父親工作時，他根本沒有把她當一回事，只在乎她究竟什麼時候要結婚。她的弟弟是被指定的接班人，而瑪莉在感到挫敗之下離開了公司，接著與她新婚的先生搬離家鄉。

瑪莉的弟弟因突發的心臟病過世時，她罹癌而病弱的父親請她回來幫忙，才在她有生以來第一次認可她在生意上的能力。在父親過世後她成為公司的執行長，並組成了一個家族董事會，由母親擔任董事長。她說：「結果運作得很成功，大家都相處得很好。如果是我父親來作主，這一切都不可能發生。」[12]

有些經營自家生意的父親不會傳授女兒那些他們會教導兒子的鋩角，然後這些女兒就會被說她們的訓練不夠。馬許說了史黛西的故事，描述這個十幾歲的女孩要如何積極爭取，才能在父親的建設公司裡得到和她兄弟一樣的訓練。

「羅傑・班森在南達科塔州的拉皮德市經營一家水泥營造廠，他在兩個兒子滿十六歲時，就都給了他們建築的工作，但他堅持同樣十幾歲的女兒要從辦公室開始做起。他的女兒——熱愛跟兄弟在運動和學業上競爭的史黛西，生氣了一整個夏天。『我很討厭這工作，』她說，『我覺得我受到不平等待遇。』接下來那個夏天，她徵召母親來幫忙說服父親認真看待她。在她威脅要去競爭對手那裡工作之後，父親終於容許她做建築的工作。夏天結束時，他們雙方都同意她做得很好，現在她可以想像自己有朝一日能夠幫忙經營這間公司了。[13]

雖然我無法得知馬許研究裡的女性實際上是不是爸爸的乖女兒，但很可能其中一些人是。我諮商過的一位爸爸的乖女兒就有類似的經驗。凱羅是獨生女，從小被父親捧在手心上，暑假都會在她父親位於西北部的五金及木材公司，和父親一起工作，大學畢業後更是在公司全職工作。她認定等她父親退休，她就會接班成為老闆跟業主。在公司裡工作了八年，甚至包含負責週末的營運後，她很震驚父親竟然略過她，而把位子給了一個男性的經理。她覺得遭到背叛，她父親雇用她工作，之後卻又以這樣的方式剝奪她的權力，這傳達非常相互衝突的訊息：你有能力，因為你是我女兒；但你的權力是被限制的，因為你是我的小女孩。這些衝突的訊息讓凱羅動彈不得，讓她對自己的能力失去了信心，最終也打碎了她繼承父親事業的夢想。

以母親或父親為模範的不同

只要父母任何一方不在乎性別刻板印象，而支持女兒的自我賦權的表現，女兒就會受惠良多。在《女性經理人》（*The Managerial Woman*）中，瑪格瑞特・杭寧（Margaret Hennig）與安妮・賈丁（Anne Jardim）研究了二十五位極為成功的女性企業總裁跟副總裁如何在事業上受到父親的影響與支持。他們發現她們大多是事業成功父親的第一個孩子或獨女生。她們的母親則是事事聽從丈夫的安靜女性。這兩位作者描繪出的整體女性經理人形象就是爸爸的乖女兒：她跟父親有特別的關係，父親對她的方式就像對兒子一樣。[14]因為對父親強烈認同，她通常會認真追求事業直到三十幾歲甚至接近四十歲，然後才開始經歷「晚來的青春期」，而此時相比偏向女性的興趣，例如建立一個家或生兒育女的想法，才開始變得比較重要。她必須先在自己的領域達到傑出的成就，也獲得男性同儕的接受之後，才能從工作中「暫時休息」。在休息之後，她覺得自己的生活在情感上跟性方面都變得比較令人滿足，也首次覺得自己有能力在公司裡更上一層樓達到最高的管理階層。身為爸爸的乖女兒，這些女性首先會認同父親，同時暗中排拒母親是自己的角色模範，直到她們中年時，才重新檢視追求權力的過程中忽略的自己的女性特質。[15]這樣的爸爸的乖女兒通常偏好經營一家公司，而非管理家庭，並且認為女性是沒有權力的，所以會貶低身為母親的價值。

相反地，如果女兒有強大而果敢自信的母親作為角色模範，就更能學到在這個世界上平衡人際關係和權力的技能。這是爸爸的乖女兒喪失的一個天賦。桃樂絲・康托（Dorothy W. Cantor）與托妮・博內（Toni Bernay）研究了二十五位經由選舉擔任公職的女性，列出母親對於這些位高權重女性的影響。她們研究裡的國會議員、市長跟地方首長們都認為自己的母親、祖母是很有能力、有影響力的人，儘管她們大多數都沒有在家庭之外工作。這些母親被認為在家庭領域裡和丈夫擁有同等的權力，而且很深入參與社區服務。她們帶給女兒的訊息是女人可以同時照顧人也能很野心勃勃，她們也容許女兒們在自身從來無法進入的領域裡取得成功。[16]

我們第三章見過的珮特是加州衛生服務部的執照與認證科的首席醫學顧問，珮特很幸運地跟她父母都有強大而正面的關係。她擁有超過四十年成功的醫師職業生涯，擔任麻醉醫師也於大學醫院裡教學，在一個納瓦霍印地安人保留區裡設立了家庭健康中心，也和州政府官員合作改善醫療保險政策。她母親是一位女性主義者，在連給予避孕建議都違法的一九三〇年代，為美國計畫生育聯盟（Planned Parenthood）擔任志工。她給珮特的訊息是清晰強大的：「女人需要有事業。你當然會有成就，你不會只是一個女孩和一個母親。」珮特的母親超前了好幾個世代，而她做汽車經銷商的父親對於妻子的成功非常自在，也支持她的理想。他總是告訴珮特：「每個人都應該做自己想做的事，而且相信自己會成功。」因為有父母正面的影響，珮特很敢去追求具有影響力跟權力的地位。

與權力強大的父親競爭

權力是一個複雜的議題。許多女性因為男性濫用權力地位而避免去追求這樣的位置，女人會說她們不想延續男人的權力模式，仰賴威權統治與階級分層，並將人加以分離區隔。然而許多爸爸的乖女兒會試圖仿效她們權力強大的父親，要靠自己在階級中得到權力，她們接受利用地位跟權力是正面的，也是帶來改變跟達成目的所必要的。對她們而言，權力不是一個骯髒的字眼，但其他爸爸的乖女兒雖然也有權力強大的父親，卻會因私人的原因而排斥任何形式的權力。她們親身體會了選擇權力優於人際關係的父親會導致什麼後果，因此她們不想做同樣的選擇。這樣的女兒感受到父親犧牲了她、她的母親和其他兄弟姊妹。即使這父親的成就受人景仰，但失去父親陪伴的時間強烈地影響了爸爸的乖女兒，讓她自覺像是獻祭的羔羊。

布蘭達是一位四十歲的作家，父親是聯邦政府一位環境保護機關的首長。他手下有五萬五千名下屬，而且他永遠都有時間給「他的人」。根據布蘭達所說，他比之前任何一任首長都更關心他的下屬和他的拯救荒野任務。他對待工作機關有如他的家，對待他的家卻如同一個驛站。

「他對這個集體大家庭的機關很好，」布蘭達說，「但他對自己的家卻完全是另一回事。我們都為他的工作服務，我們的個人需要和欲望都必須為了他能在工作上的晉升而犧牲，我們變成他情緒低潮的充電站。每個月他都在全國各地出差三個星期，然後回來家裡充電。他與我母親毫無關係可言，她有躁鬱症，所以我就變成他妻子的角色，給他情感支持幫他充電。」

布蘭達直到四歲前都在父親的工作環境，一座森林裡長大。「一切都有滿滿的觸覺。我在森林各處及小屋四周爬來爬去。我沒有其他小孩可以一起玩，所以就跟動物做朋友。父親是一個熱愛森林的人，他教養我跟妹妹們就像對待被馴服的野生動物。」但當布蘭達滿八歲時，他父親得到了哈佛大學的獎學金去研讀行政學，他們搬到了城市，一切都隨之改變。這家人不再是大自然（陰柔面）的一部分；相反地，她父親開始學習如何管理跟控制自然。

「我尊敬父親從事保護自然的事業。他是非常有天分的行政主管，懂得如何在極端環保團體與聯邦政府機關之間協調。但是在他的退休聚會上，來自聯邦政府的各個顯赫高官發表演說時，我們家的兩個『孩子』當眾離席。他曾經同時是我們父親和母親，但是當他踏上掌握權力的快速晉升軌道時，我們就同時失去了父母。他失去了我們，也失去了跟大自然的深刻的關係，進入了官僚的、階級的世界，那個世界對他的孩子而言是徹底無情的。我們每兩年就要搬家一次，讓他可以去體驗不同類型的生態系。我總共念了十六所中小學！」

「雖然我很愛我父親，也尊敬他的工作，但我很清楚他的自大。他是個孤單的人，完全阻斷自己的情感。當他離開森林時，他不只拋棄了他的孩子，也拋棄了他自己溫柔感性的面向。住在森林裡時，他有很深刻的靈性。但他失去與大自然的連結後，也失去了跟自己的連結。」

大學畢業後，布蘭達成為環保作家跟編輯，以平衡她父親的觀點。「我不是要跟他作對，」她說。「我只是被留在森林裡的人，我成為森林的聲音。他對荒野地區的命運有那麼大的權力，我覺得我有職責成為他的良知。我們以某種奇異的無意識的方式，達成了協議。他追尋權力跟掌控，而我為他承載著靈性。有一次他甚至請我幫他的機關寫願景報告。」

「我愛他所愛的事物，但我愛的方式跟他不一樣。他管理大自然。他對待大自然的方式是管理與控制。他喜歡有掌控地利用森林，用以砍伐跟休閒，以及保育植物跟動物多樣性，他認為人類是我們擁有的土地的睿智守護者。我不這麼認為，大地並非我們所屬的——它超越我們所能控制。它是神祕的、不能被管理的，想要以類似男女分別的方式對應大自然——把土地當作妻子，而人類則像丈夫一樣控制她——在我感覺都是錯的。」

「他擔任首長時，我覺得我應該火力全開，幫跟他作對的環保團體寫文章。結果我卻變成一個溫和派，在他的聯邦政府世界跟極端環保團體之間來回。我發現他們有相同的基本特質，他們都有戰士的心態。我選擇不要加入那場戰爭。在寫作中，我會試著平衡這兩個極端。」

父親退休後，布蘭達終於能自由地以她自己的風格進行關於大自然的寫作。「從他退休那一刻開始，我就能自己去冒險，主張我個人的權力了。我離開了環保的領域，帶領我的自然寫作到一個神祕的地方，寫私人的故事，而不再寫政治性的文章。他發了一頓脾氣——他不贊同我利用從公司離職的退休金來支持寫作，但我的創造力大爆發，那段時間我寫了三本書。」

布蘭達之前一直如同法官與哨兵般監督並評斷他父親對權力的使用，但從這個工作退休後，她終於能自由地專注在自己身上，去做真正能激勵她靈魂的工作。森林一直在她心裡，她的寫作也反映出她內心最深處對大自然的承諾。她再也不必跟她父親競爭，也不須去平衡他的政治影響力了。

布蘭達在治療中發現，根據她從父親那裡感受到的經驗，她對所有權力的排斥妨礙了她的自我賦權意識。

> 「我很害怕像他那樣變得自我膨脹，所以我反而變得自我貶低，到現在還是不太能夠主張自己的權力。我的恐懼是，如果擔任一個像我父親那樣有權力、影響力的職位，就不可能再擁有任何親密關係了。起初站在人群前唸我自己的書很困難，但這幾年下來我已經學會樂在其中，只希望我能夠平衡公眾生活和能帶我更多滋養的私人生活。」

有些爸爸的乖女兒因為父親是權力人士，而有「大人物幻覺」。她們很認同父親的權力，以至於某種程度上相信這權力也屬於她們所有。她們會有一種幻覺，認為既然父親有權力跟地位，那麼她們也有。她們期待得到同等的敬意與尊重，因此在後來發現其實人生沒有那麼輕鬆時，會感到大吃一驚；其他爸爸的乖女兒則是會一直把自己跟父親比較，覺得自己不夠好。她們貶低自我的價值跟力量，覺得不論得到何種成就，都不會如父親的成就一樣有價值。這兩種情形下，女兒都沒有獲得自己的力量。在前者，她是站在隨時會塌陷的自我膨脹的流沙上；而在後者，她則是被身為英雄的父親的陰影籠罩。

在二十幾歲到三十出頭時，我認為自己根本沒有能力做出任何有價值的貢獻，因為不論我做什麼，相較於我對我父親的評價都顯得微不足道。他是個大人物，擁有一個大公司、一間大房子、優渥的薪水、很高的聲望。一天晚上我夢到一個聲音說：「你不是你爸爸。」那聲音直接又清晰，我被這句話所陳述再明顯不過的事實驚醒。我之前從沒有刻意去思考過這件事，但現在我明白了我長期以來都沒有認可自己的價值，而是忙著努力實現我心目中膨脹的父親形像。

我認定他是個「大人物」，以此為中心創造了一個神話，而他也在無意中為此背書。他在外界確實有很大的權力，而他對我的工作不感興趣，便印證了我和他相比之下並不重要。我的想法和意見無法引起他的興趣，因為它們沒有依循陽剛世界的想法跟意見。我貶低自己身為老師跟治療師的技能，因為它們跟我父親身為廣告公司老闆擁有的權力相比，顯得微不足道。我沒有肯定自己的技能是有價值的，將它們視為理所當然。直到我開始做真心熱愛的事，也就是寫作，才開始去除我為他塑造的神話，肯定自己的聲音。此時我才明白他暗地裡對我的貶抑不只侵蝕了我的自我價值感，也傷害了我的第一段婚姻。我一直有意無意地把第一任丈夫和我父親比較，認為他不如我父親，尤其在供養我們生活的方面。他備感沮喪時會提醒我說，他不是我父親。我花了很長的時間才了解我對丈夫以及自己的貶低，是導致我們婚姻瓦解的一部分原因。

成長過程中覺得父親「比真實更偉大」的爸爸的乖女兒會發現自己很難擁有成功的親密關係，爸爸的乖女兒經常會想要找到一個看起來像她理想化的父親所擁有那般力量的對象，因此她會尋找事業成功或家財萬貫的男人，但很快又會發現單靠這樣的力量無法取代滋潤的情感與互相匹配的個性。下面這個例子裡，珊曼莎描述了她在親密關係上的困難。

「小時候我覺得我父親令人佩服的地方就是那些別人會很注目的地方：他很時髦、很成功，幽默又有權力。畢竟他可是珍妮絲．賈普林的錄音師，所以我見過很多那樣的名人。後來我嫁給一個很有權勢的人，但他對我而言一直是陌生人，結婚以後我才明白吸引我的並不是權力。」

「現在我知道我想要一個會尊敬創造力的男人，他能了解什麼是熱情，知道當你在創造時——不論你的熱情是什麼——這都比你的配偶還重要。那是你的延伸，不是跟你分離的東西。許多男人把女人的創造力當作威脅，視為某種權力的對抗。對我而言非常重要的是，能夠找到一個人了解我需要有創作性的表現，而且他不會因此覺得被貶低。我希望他也有自己的熱情，是我可以同樣分享跟支持的。」

當一個女人停止把自己對於權力的幻覺投射在她生命中的男人身上，她就能專注在自己的創造潛能上，於是她會尋找一個能與她互補的配偶，了解自主性跟情感連結都有價值的男人，而不再尋找一個理想的形象。

幻影父親

幻影父親和真實存在的父親擁有同樣的力量，只是他的力量來自他的缺席，以及他歸來的承諾。即便幻影父親很少在家，但他的存在卻會被清晰地感受到，像手腳殘肢仍舊感受到已被截斷的肢體。同樣地，就像殘肢無法依靠消失的腿站起來，幻影父親的女兒也永遠無法指望父親的支持。我的女性個案表達的某些最深刻的痛苦都來自於她們因父親缺席，或父親總是無法做到自己的承諾而感到哀傷。

總是因幻影父親而失望的爸爸的乖女兒們會有各種不同的反應。如果女兒接受父親缺席的藉口是合理的，她可能會原諒他，相信假如可以他一定會出現，她會覺得自己沒有權力覺得失望或生氣。她的父親會經由哄騙與操縱，實質上等同要她嚥下自己的感覺，接受他所認定的現實。「你知道的，寶貝，你懂吧？如果我能去的話我一定會去的，只是這次的會議（客戶、應酬、案子、出差、比賽、政治聚會）真的不能不去。我相信你懂的。」

這句話中隱含的意思是父親的世界比女兒的世界更重要、更有價值，父女在此串通起來，避免女兒感到失望和憤怒。女兒用高尚的體諒來隱藏被拋棄的感覺，她接受了父親對這世界的重要性，而這似乎就排除了她憤怒的權利。她當然也不想因父親顯得不在乎而感受到空虛跟痛苦。

另一種爸爸的乖女兒則是假裝父親有在她身邊，幻想他支持她，以他在身邊的幻覺來安慰自己，整個童年都在等待她的幻影父親回來，像她幻想中那樣地聽她說話，不趕時間地好好陪她，跟她一起做各種活動。每次她的幻想破滅，她都會告訴自己下一次會不一樣；另一種爸爸的乖女兒則會努力達到幻影父親重視的目標，以吸引他的注意；還有一種則是會故意叛逆，來激起他的反應。成年之後，小時候父親總是缺席的女兒可能會故意創造出需要仰賴男性支持的情境，以此繼續用替代的方式尋求父親出現。但相對地，反覆因幻影父親而失望的女兒也可能再也不會信任男人，轉而尋求女性愛人。

內化的幻影父親就像被推翻的君王，仍可以暗中統治，**以不在場的方式**主宰著女兒的心理，讓她持續堅持著她認為父親會讚許的價值觀。

希薇亞的父親在她人生的頭八年，是一位共產黨的地下組織者。她跟負責養家的母親、兩位祖母，還有她的哥哥同住，她的日常生活世界是由女性所主導，但她的情感世界卻是由她缺席的父親所主宰。

她說：「雖然我們從來不知道下次何時會見到父親，但我們的世界都圍繞著見得到他或見不到他而打轉。他是個舉足輕重的人物，可以撼動局勢的人、操縱事件發展的人；他是賦予生命的人，是我們跟外面世界的連結。我們都被他的權力餵養。他很重要，因為他在世界上做著很重要的事，因此我們必須臣服於他的所有願望，我們根本沒有自己的權力。」

希薇亞的父親希望她自給自足，從她童年到青春期時不斷告訴她要為自己和自己的生計負起全責，但是他從來沒有支持過她任何特定的才能或志向，也從來沒有傳達他對她的能力有信心，相信她可以對於他以外的世界貢獻任何有價值的事物。她說：「父親從來不曾栽培我的任何潛能，因為這跟他的重要工作比起來毫不起眼。從小我就在他的陰影下長大，三十歲時，我父親宣告說他認為我很有能力，很聰明、很能幹。我記得當時我心裡想：太遲了。即使我有點相信你，但這句話還是遲了二十五年。我小時候就需要聽到這句話。」

如果父親在這世界上享有尊崇的地位，但是從來不曾鼓勵女兒發展不同於他自己的潛能，那麼她就會一直被父親以及父親認定的她的形象所束縛。希薇亞繼續說：「我父親始終無法看到我有自己的身分認同和我的需求。我的需求被共產黨的需求吞噬。當這個黨的政治勢力在一九五〇年代潰散，在美國陷入醜聞時，我想我父親覺得自己很失敗，並且也以同樣的眼光看我。雖然我在事業上很成功，但我卻吞下他的失敗形象，毫無保留照單全收。我沒有自己的力量，我有的力量都連結到小時候我心目中他身為共產黨英雄的力量。」

希薇亞同時氣憤又敬佩她父親選擇了即使犧牲家庭，也要忠於自己的政治原則。「我原諒他沒有當一個好家長，」她說，「因為他有遠大理想的目標，他在幫助人類整體層次的提升。他為這些理想做了犧牲，而其中一部分犧牲的是我。但是我害怕對父親生氣，或者說我害怕對任何男人生氣。我怕他們會離開。生氣就表示我有自己的欲望、期待跟權利。在我們家裡，容不下任何個人的需求，我依照周遭其他人的臉色調整自己，我在人際關係中沒有權力，很難讓我男友甚至是女性朋友知道我的需要。」

救贖父親的無力感

榮格用「陰影」來描述無法被個人適當嵌入自我形象部分的心理特質：例如我們大部分人都無法承認自己自私、脆弱或滿腔怒氣。榮格曾說到以下這個故事：他認識一個地位崇高的紳士，一位貴格派教徒，而他無法想像自己這輩子有做過任何壞事。「結果你知道他的子女發生什麼事嗎？」榮格問道。「他兒子變成小偷，女兒則是妓女。因為父親無法承認自己的陰影，他的人性中應有的不完美的部份，因此他的子女被迫活出他一直忽視的陰暗面。」[17]

子女常會「活出」父母兩人或其中之一不肯承認的陰影部份。如果一個掌握權力的、脆弱的，或受到偏愛的家庭成員的陰影面被認為是可恥或無法忍受的，這種情形就更可能發生。[18]爸爸的女兒如果感受到父親深埋的失望、羞辱和無力感，就可能試圖自己追尋力量以救贖他。

我們在第三章見過的葛瑞琴是個劇作家跟製作人，而她的事業一直都圍繞著實踐父親未竟的潛能打轉。她是爸爸的乖女兒，一直都覺得自己承載著父親的命運。她最近剛結束跟一個較年長男人的十年的合作寫作關係，這個男人跟她的父親非常相似。她說：「我發現這十年的關係其實就是救贖我父親的努力。我覺得可以跟這個男人合作——他有這麼大的潛力，但又有一絲傲慢、不安全感、混亂，跟我父親很像，如果我能跟他一起創作出什麼，我對父親的挫折感就會化解。我的這位寫作夥伴學富五車，我認為如果我能雕塑那些學識，將它稍加轉折，寫在稿紙上，我就能救贖他的人生。當然我也從中獲得了一些什麼。不過我真不敢相信我居然過了這麼久才了解自己在做什麼。」

葛瑞琴的父親在年輕時參加第二次世界大戰，當時大家都認為他前程遠大，但他離開軍隊後卻無法達到他的目標。他覺得他輸給了待在家鄉並去上了大學的男人，他從來沒有在他查帳員的工作中得到自我實現。葛瑞琴說：「我父親是個很優秀的男人，非常聰明、高大、俊帥。他有過目不忘的記憶力，他也有很多的技能，本來能為我們家，甚至整個社區帶來很多幫助，但是他從來沒有想要幫助任何人。他對人生的態度就是『我們—對抗—他們』。」

葛瑞琴的父親是獨子，而他的家人相信他們的家族高人一等，葛瑞琴稱他們是「沒落的貴族」，她父親則說他們的家族是曾在美國革命中作戰「貨真價實」的開國祖先。她父親在年輕時自我膨脹與自認享有特權，但背後的陰影是他無法在這世界上運用他的才能，以及他發現成功並不容易時的哀怨。自認屬於上等社會的信念麻醉了家庭成員，包括葛瑞琴跟她父親，他們不想發憤圖強承擔風險，去獲得他們想要的，只是覺得自己就應該被給予他們應得的。葛瑞琴說：「三十五歲時的我有種心態，覺得因為我是上天眷顧的人，什麼東西都應該順我的意。我從沒想過你得站出去自己爭取。」她的父親對自己的工作不滿意，但這份工作讓他不用冒任何風險就能夠養家。他從來不曾鼓勵葛瑞琴去追求她想要的東西，他從來不曾以身作則示範如果一個人想要獲得權威跟力量會需要什麼樣的欲望、技能與動力。

葛瑞琴後來發現她繼承了父親對於實踐潛能的恐懼。「我讓自己一直待在失敗的處境裡。我是很有能力的人，但從來不曾全心投入一件事，我接受我不喜歡的低薪行政工作，雖然薪水底，但我有更多空閒時間。我做很多非營利的工作，而且我毫無積蓄，刻意過著窮困的生活。我在很多方面都非常不成功，我活在童話故事裡，像灰姑娘。灰姑娘應該是貴族，卻衣衫襤褸，她是落魄的貴族，等待著某個人出現來救贖她。我過去也是，我在等著父親終有一天承擔起他該有的白馬王子的角色。」

但三十五歲時，葛瑞琴決定她必須出去，去爭取她自己的「皇冠」。她對自己承諾要對自己的電影事業認真起來，拍出她自己的電影，發誓說如果她失敗了，就徹底離開電影圈。「我下定決心，如果付出了最大的努力，承擔了最大的風險都還做不到的話，那我就是在過別人的人生，而不是我自己的人生。如果結果是如此，那我就得走出去闖看看，重新評估我的選擇順序。」

葛瑞琴寫了劇本、籌措到資金，製作了自己的電影。她在娛樂產業中達到了女人非常難以在這個圈子達到的成就，而這事實上改變了她的人生，也改變了她對力量的看法。她發現採取行動，將想法化為真實，給了她深刻的滿足感，這讓她自覺很有力量。

「我為自己徹底重新定義力量。現在的我更能感受到內在的力量了，那和表面上發生什麼事或誰在一場會議上爭吵贏都沒有關係。力量是一股很深的洋流。女人過去這些年來在支持團體跟機構中所做的工作都是在找尋內在力量。我們檢視了被宣稱為力量的事物，以及一個宰制的、貪婪的文化裡所認為的力量，但那並不是真的力量。」

舊秩序的死亡：李爾王與寇蒂莉亞

為了重新找回內在的力量，每個爸爸的乖女兒都必須檢視她小時候與父親心照不宣的盟約的本質。葛瑞琴決定實踐自己的潛力，不再專注於她父親未曾實現的潛力時，就做了這件事；布蘭達停止跟她父親競爭，開始發自內心寫作時，也做了這件事，每個女兒必須按照自己的時間，承擔自己的風險去做。在莎士比亞的《李爾王》戲劇中，國王最鍾愛的女兒寇蒂莉亞拒絕宣示自己的愛專屬於他時，便挑戰了她跟父親所達成的，要父親永遠供養她的誓約。對這項誓約的挑戰導致了她遭到驅逐，最終也賠上了她的性命。

在莎士比亞這齣劇的剛開始，李爾王將他的王國劃分成三塊。他準備退位，而要依據每個女兒對他忠心奉獻的程度，將他的國土分給三個女兒。他會賦予每個人皇室的地位，但他將土地劃分得不平均，希望把最大的一塊給他最愛的女兒寇蒂莉亞。他也想確保自己可以帶著一百位騎士衛兵，舒服地和她生活在一起。

李爾王命令每個女兒在齊聚的證人面前宣示對他的愛，做到這個條件，他才會賜予她這王國的地位與財富。兩個大女兒葛娜瑞跟芮根都以浮誇華麗的詞藻宣示對國王的愛與奉獻，而獲得了他賞賜的財富。葛娜瑞說：

「陛下，我對您的愛，並非言語所能表達；
我愛您勝過自己的眼睛、所在之處與我的自由；
超越一切有價的、珍貴稀有之物；
不亞於對生命、恩典、健康、美貌和榮譽；
是任何孩子能愛的，任何父親能找到的最多；
這愛能讓脣舌失效，讓言語無用；
我愛您超過任何一切所能衡量。」[19]

芮根比她大姊的愛的宣言更有過之。

「陛下，我跟姊姊是同樣的材料所打造，
您憑著她就可以判斷我。在我的真心中，
發現她所說的，正是我對您的愛。
但她所言仍不足夠。我宣示，
我厭棄一切最珍貴的知覺所能感受到的喜悅，
只有愛您我才感到幸福。」[20]

李爾王最小的女兒寇蒂莉亞知道姊姊們的話只是在掩蓋她們被貪婪與權力欲望腐化的心，寇蒂莉亞只說了她對父親的愛與她對父親的牽掛，李爾王要求她更誇大地表達她的愛：

「你能說什麼話來獲得比你姊姊們更豐饒的三分之一土地？說吧。」
寇蒂莉亞說：「我沒有話說，我的陛下。」
李爾王：「什麼都沒有？」
寇蒂莉亞：「沒有。」[21]

李爾王勃然大怒，說她若是無話可說就只能一無所有。他要求她再說一次。寇蒂莉亞回答。

「我很傷心無法將心掏到我的嘴裡。陛下我愛您，
就如我的約定；不多也不少。」[22]

她無法以文字適切描述她對他的愛，而她拒絕為諂媚而諂媚。她繼續說道：

「您生我、育我、愛我：我以應有的程度回報予您。
服從您、愛您，最重要的是敬重您。
我的姊姊們若全心愛您，那麼她們為何嫁為人妻？
假如我結婚了，
那將承受我的命運的丈夫，
將得到我一半的人生，我一半的關心和責任。
若我如我的姊姊們全心只愛父親，
就絕不會婚配。」[23]

寇蒂莉亞說得很坦誠，她承認她對李爾王這個父親的愛，但也告訴他，她的愛並非專屬於他，有一天她將會結婚，而她也同樣會愛她的丈夫。李爾王心碎崩潰，他期盼她全部的愛與奉獻，但她卻給了他絕對的事實，這是他無法忍受的。李爾王跟她斷絕了關係，宣告她不會繼承任何財產。她的三分之一土地將由她的姊姊們瓜分。李爾王把寇蒂莉亞嫁給一個法國的國王，對方願意接受她沒有任何嫁妝，因為他看出她的正直。李爾王趕走他們，說：

「你帶了她去吧，法蘭西王，
她是你的，我沒有這樣的女兒，也再不要看見她的臉。
去吧，別想有我的愛、恩賜和祝福。」[24]

李爾王得不到他想要的，便訴諸他身為國王的特權，行使特權的人可能是慈悲的祝福者，也可能是嚴酷的統治者，李爾王展現的就是嚴酷的、父權的國王。「李爾王的行為就像是可以隨意給予跟收回的神。」[25]李爾王害怕顯現自己的弱點，所以他恣意妄為，而非以智慧統治。

李爾王彷彿希望回到子宮，受自己最偏愛的女兒照顧，但他不願意直說，他不開口要求他真正想要的，而是運用他身為國王的特權。寇蒂莉亞忤逆了他要求諂媚的命令，挑戰他的權力。迎合他的願望，就等同背叛她對父親的愛以及她自己的正直個性。她效忠的不是父權階級的舊秩序，而是她自己的真實，她拒絕扮演古老的女性角色，以奉承男人的自我來引誘他。老去的國王李爾無法忍受她的直言不諱而收回他的愛，李爾困在他的古老規則的世界裡，心理上停滯不前，難以接受改變。他把完美、服從、處女的女兒形象投射在寇蒂莉亞身上，但是她用她單純的真實粉碎了這個形象。

莎士比亞的李爾王講的是父權如何利用對女性的操縱和強加意志於她來遂其所願。李爾可能從王位退下來，但並沒有放棄他的權威，當他要求的愛的條件被拒絕，他就沒收他的愛與財產，李爾的自我仍舊活在巨大權力的幻覺裡。

李爾的三個女兒代表了女性特質的兩面：背叛與真實。葛娜瑞與芮根懷著對權力的貪婪，以操縱回敬操縱，她們說他想聽的話，宣示她們的愛，承諾會照顧他，當她們得到想要的就拋棄了他。李爾被逐出家門流落街頭，因女兒的背叛而萬念俱灰，終於瘋狂。

寇蒂莉亞最終從法國回來拯救被姊姊們背叛的父親，跟著他一起受苦。她帶了外國軍隊來攻打英格蘭，被視為叛徒而處死。只有經由她的死亡，李爾的幻覺才終於粉碎，看見她真實的愛。在最後一幕，傷心而發瘋的李爾抱著死去的寇蒂莉亞進場。他哀嘆道：

「哎，哎，哎，哎！你們是石頭做的人啊！
若我有你們的舌頭與眼睛，我會呼喊瞪視，

讓蒼穹為之震裂。她已永遠離去！
我知道一個人何時死，何時生，
她已如塵土而死。」[26]

李爾因心碎而死，剩下的兩個女兒則因為自己的嫉妒與背叛而死，就像其他試圖實踐父親未竟潛能的愛著父親的女兒，寇蒂莉亞為他的救贖而犧牲，她的真實與愛救贖了他的恣意與狂妄，她回復了他的理智，並在過程中成為殉道者。

這種為父權制度中的男性犧牲的模式深植在女性心理。在文學中，寇蒂莉亞絕對不是第一個，也不是最後一個為喚回男性良知而犧牲生命的女英雄。這種犧牲是我們身為女性應該加以審視的。我們願意為了救贖男性，繼續放棄自己的權利多久？（而且我們願意為女性做出同樣的犧牲嗎？）父權的男性心理斬斷了重視人際的女性特質，藉由武力和絕對的意志獲得權力跟主宰，並在過程中摧毀了許多生命體系。李爾王不問自己內心的感受就做出決定，而這些決定卻是致命的，當統治的原則及人的自我沒有連結到個人的感受，就沒有真實的自我認知，沒有良知，沒有真正的力量。只有當腦與心共同合作時，才會有和諧與真實的力量。

女人的力量

從原型的角度來看，女人的力量被認為很不同於男性的力量，它不是外在的力量，或「對外的力量」，或是跟男性的宰制、階級和控制相關的力量，而是來自內在的力量。它被認為是土地的、黑暗的、與血液相關的。在許多美洲原住民的傳統裡，月經期的女人是不被允許進入舉行儀式的小屋，因為她們在「月亮時間」擁有特別的力量。她們的血液裡有力量，女人不但在月經期間淨化自己，她也會有強大的夢跟預見，可能比儀式小屋裡的其他人都強大。

在《真實或冒險》（*Truth or Dare*）中，女性主義作家與靈性導師斯塔霍克（Starhawk）寫到內在的力量「來自我們的連結感、我們跟其他人類的連結，跟環境的連結。雖然對外的力量統治著我們生活的系統，但內在的力量支撐著我們的生命。我們可以在創作與連結的行動中，在栽種、建造、寫作、清潔、療癒、安撫、遊玩、歌唱跟做愛中體會到這種力量。」[27]內在的力量滋養我們。

以對外力量的世界觀定義的文化、社會跟體系裡，人類本身並沒有與生俱來的內在價值。他們的價值是相對的、比較的，必須被爭取得來或恩賜而來。我們的經濟體系建構的方式讓某些社會成員擁有力量，但大多數人覺得必須仰賴或臣服於那種力量。這種不平等根植於家庭裡。在家庭裡，力量通常在父親身上，不管他在或不在。神是天父就是這種權力分配的最根本原型。對外力量的模式是從父權的宗教中獲得它的權威，這種宗教把身為天父的神安放在大地與肉體的大自然世界之外。他的價值超越其他所有人，而他必須被安撫、服從跟崇拜，最重要的是，他的地位必須被維持。

而在內在力量的意識裡，價值不是被爭取得來，而是與生俱來的。力量不會體現在從外來統治的任何實體上，而是在每個個人、社群與自然上展現，它是隨手可及的。斯塔霍克寫道：「每個存在都是神聖的——意思是每個存在都有內在價值，不能拿來跟別的存在排列高低或互相比較。價值不必被爭取、獲得或證明。它是我們的存在當中本來就有的。」[28]

認為力量就跟父權的宰制和控制有關，對此感到反感，而不願意在家裡、工作場合和各個文化裡主張權力的女人發現了另一種包容與流動，將關係與行動連結在一起的力量。它強調的是為了他人的利益而追求的目標。獲取這種力量不只是為了自我滿足。斯塔霍克寫道，這種力量是「一個強大的個人在一群平等的人當中的力量，不是發號施令的力量，而是提議並請求傾聽，去開始一件事並讓它發生的力量。」[29]

桃樂絲・康托與托妮・博內在對獲選擔任公職的女性的研究中，定義一種她們名為「女性力量」的力量，這種力量顯現在這些女人促成改變的努力中。她們寫道：「女性力量是用來讓社會變得更好的力量。它不是為自己存在或用來操縱別人的力量。」[30]這是一種包容的力量，結合了人際關連與他們定義的創造性的進步：運用各種資源來推動某個特定的能幫助他人的議題。這麼做的同時，她們也讓他人得到力量。

隨著越來越多女人在這世界上得到權力，爸爸的乖女兒會被召喚，拿回她們投射在父親身上的力量，為自己的人生負起責任。與其繼續自動回應她們內化的，統治她們心靈的父親的聲音，爸爸的女兒們必須學會分辨父親的聲音跟自己的聲音，並信任自己內在的權威。直到此時，她與父親達成的盟約才不會再束縛她，她才能開始承擔伴隨著力量而來的完全的責任。

第七章

女人與靈性

我們在天上的父啊，願祢的名受顯揚。願祢的國降臨。願祢的旨意行在地上，如同行在天上。

——主禱文

女兒跟父親的關係會影響她對於宇宙本質的靈性信念，以及她對神的認知。父親具體體現了父的原型，因此不論父親是否跟女兒的靈性有強大的關係，都會強烈影響女兒如何看待神。如果她的父親是慈愛而容易親近的，她也會覺得神是慈愛而容易親近的；如果她觀察到父親對人充滿同情、不虛偽，她心裡的神也會是公正、有同情心的；如果她的父親很仁慈、很保護她，她心中的神也會保護她；如果她的父親忽略她，沒有保護她，她心中的神可能也會是無能的、拋棄她的神；如果她的父親因為缺席、死亡或傷害她而背叛了她，她心中的神也會隨時可能背叛她；如果他不在乎宗教，但是生活正直，她也會繼承這樣正直明理、世俗化的價值觀。

在《國王、戰士、魔法師、愛人》（*King, Warrior, Magician, Lover*）中，羅伯特・慕爾（Robert Moore）與道格拉斯・吉列特（Douglas Gillete）寫道，「國王的原型跟每個男人內在陽剛的神的形象很接近。」[1]身為國王原型的體現，父親是神界與世俗王國、神與他的家庭之間的中間人。神在宇宙的中心，而所有創造都從這核心輻射出去。神是一切的中心是所有宗教與神話都重複出現的主題。國王的首要職責是體現宇宙的神祕的「正確秩序」——這是上帝要求的秩序、生產與創造的戒律，如果國王這麼做，他的王國就會繁榮昌盛；如果他不這麼做，他的人民就會災禍連連。[2]父親若體現了王的這種正面形象（睿智的國王），就為他的家人呈現了「正確的秩序」，讓家人能夠順利成功，也肯定並支持家人的價值。

當父親體現的是國王原型的負面部分（父權的王），他就會如舊約中的神，雅威（Yahweh），是被尊敬與畏懼的，他的話是絕對至上的。同樣的道理，父親的權威很少被質疑，他是遙遠而難以親近的，他可以恣意決定施加讚許或懲罰，在這種家庭裡，父親是核心而主宰的人物，他的妻子是次要的，他孩子的地位則視其出生順序跟性別來決定，而他的女兒比侍女好不了多少，她們的職責就是傾聽、服從，永遠不可以讓他失望。

> 我們第二章見過的南希，她父親呈現的是睿智國王的原型，且在家庭裡跟社區裡都是如此。他是他們家庭所屬的猶太會堂的主席，非常深入參與圍繞著會堂政治的社區事務，是這個

群體的中心，他的權力也決定了這個家庭的社會地位。南希記得會堂的祈禱跟音樂都會讓她想到爸爸，每次她聽到拉比吟誦：「我們的父，我們的王，」她就會覺得自己的父親就是王，是主人、統治者，也是宇宙的中心。

南希的父親在她十一歲時死於潛水意外，他的死不只讓這個家失去了核心，也讓這家人被排除在會堂的核心圈子之外，因為少了父親，這個家庭的女人對會堂就失去了價值。南希失去父親的同時也失去了對神的信仰，她的父親如此強烈地體現了王的原型，以至於當他死去時，神也死去了。

大多數家庭裡，都是母親負責保存跟遵守關於靈性信仰的傳統與儀式，確保它們代代相傳，使靈性信仰變成有形的事物，但在家庭裡，卻是繼承了王／神原型的父親決定什麼才是「合乎規矩」或「不合規矩」。父親的靈性傳承同時以明示跟默示的方式傳達出來。瑪莉恩・伍德曼（Marion Woodman）在《神的女性面貌》（*The Feminine Face of God*）中寫到她在童年時，身為牧師的父親明確地支持她以自己的方式探索靈性。她回憶起她還很年幼時，父親就接受她跟天使對話。「你知道，他是蘇格蘭人，教養他長大的文化是接受自然神靈的，所以雖然他是牧師，但他對於我相信天使毫無意見。他接受天使存在。」[3]伍德曼繼續寫道：

小時候我跟很多小孩一樣，有很強的直覺。我會說類似：「你知道嗎？之前有人在那裡打架。」或者我會看著我的女老師說：「你不太喜歡你的丈夫對嗎？」然後接著就會有一陣可怕的沉默。等我們一離開現場，父親就會把我拉到一旁，說：「瑪莉恩，不是我不想讓你說話，但是你知道你會說一些這個社會無法接受的事。你可以跟我說這些事，但是不要跟別人說。」[4]

伍德曼的父親認可並鼓勵她跟天使的關係，但是知道其他人不會這麼願意接受。他如此清楚地接受她童年時的靈性經驗，讓她有堅強的基礎，得以在成人後進入成熟的靈性生活。成人之後，她經由研習與實踐聖公會教會的儀式，而對組織化的宗教重燃興趣，也以身為女人的方式具體感受到靈性。

有些父親則是教女兒以欣賞尊敬的方式與大自然互動，而在無意間以默示的方式傳達了關於靈性的價值觀，就如有這種父親的一個女兒所說：「父親在靈性上對我有深刻的影響。他熱愛戶外，熱愛山。他沒有給我什麼睿智的金玉良言，也沒有教我如何在商業世界裡成功，但是他帶我去到**那裡**——進到山裡。他教我在露營時要負責任，離開時要把一個地方保持得比來的時候更乾淨，因此我從小就跟大自然有很深的連結。」

父親的乖女兒與靈性

爸爸的乖女兒與父親的關係會深刻影響她對上帝的感知跟她的靈性價值觀，程度遠超過父親沒有被理想化的那種父女關係。對父親的理想化佔據爸爸乖女兒心理層面的力量，將會擴及她生活的每個層面。我訪問過的大多數女人都說她們的父親（除非剛好是牧師）並沒有明白地教導他們關於靈性的事物，但她們的父親選擇的生活方式都會以某種方式暗示這些價值。父親個性的力量以及他身為女兒的世界中心的事實，毫無例外地會全面滲透她的宇宙觀。跟我聊過的一個女人說她在十幾歲時，在政治極為動盪火爆的時期去貝魯特旅行，但她完全不擔心自己的安全。因為她父親一直都很保護她，對她很慈愛，於是她認定世界上其他人也會保護她、幫助她。如同在所有父女關係裡一樣，爸爸的乖女兒也會從父親那裡接收到明示或暗示的，關於靈性訊息。

康妮是一位陶藝家，也是四十出頭的母親。她是個爸爸的乖女兒，而她父親則是來自德州西部一個衛理公會小社群的「新約聖經的耶穌類型的牧師」。他給了她非常明確的訊息。他是她的第一個靈性導師、她她通往神聖領域的第一個通道。她最早的記憶就包括跟她父親討論到神：

「我那時還不到三歲，我們躺在院子裡，看著星星一個個出來。我問他：『星星是誰做的？』父親回答：『神做的。』我回答說：『那神一定很大。』他說：『對，神很大。』」

康妮的父親傳授她新約聖經的教誨，這成為她後來做神學研究的基石。他清楚地告訴她教會鉅細靡遺規範的整套規則，期待她都能遵守。康妮會跟他爭論這些規則，但她從來不曾抗議他的行為，她尊重他遵循他自己相信的規則生活，並從他身上學會「行如其言」。

「我們不一樣的地方是我認為行為跟言語一樣重要，每當發現自己做出某件不符合我信念的事，我就會重新檢視這個信念，但他就會認定這偏離的行為是罪，並請求寬恕。」青春期時，康妮多次請求她父親幫助她處理母親憤怒的攻擊性的行為，此時她才發現他的信念體系太狹隘，甚至是對她有害的。父親對她的請求協助視而不見，反而警告她要「尊重並服從」母親。

康妮大學時就讀一所衛理教派的大學，但是長大後她離開了教會，並對美洲原住民的宗教產生興趣。她現在正在跟另一個「父親」，一個特瓦族（Tewa）巫醫學習，而他對她唯一的要求是她能經由跟他一起工作，「一天比一天更加熱愛生命。」

她說：「我離開了我父親的教會，但是我從來沒有離開我的基本信念，那是父親教我的，基督的教誨中的真理：愛你的鄰人；付出你的生命才能得到生命；死亡並不是如你所想；轉化是真實而且可能的。他給了我一個龐大的基礎，而當我終於接觸到美洲原住民的教義時，我發現它們跟我幼年時學到的一切完全相符。所以很反諷地，是我父親幫助我建立了這個連結，帶我最終走上這條靈性的路徑——儘管這條路與他的靈性道路截然不同。如果他曾經教我必須『一天比一天更加熱愛生命』才能了解聖靈，那麼我的整個人生都會不同。」

爸爸的乖女兒向父親尋求的不只是如何生活的指引，還有關於生命祕密的確切解釋。如果父親對這些祕密沒有解釋，女兒就會感到失望而困惑，因為他的缺乏回應違背了他全知全能的形象。我們在第四章見過的珍妮佛就在父親身上發現這個缺憾：

「我父親讓我失望的一個領域就是在靈性的層面。他小時候在天主教學校有很不好的經驗，所以他不希望他的孩子經歷同樣的過程，但是我想當天主教徒——我到現在還是想！我是受洗過的天主教徒，即使我不全然相信教會對許多社會議題的立場，但是我接受教會的許多教誨——尤其是關於死亡與來世。一個朋友的父親最近過世了，所以我對於死後會發生什麼事想了很多，我對生命的理解包括在我的肉體之外應該還有超越肉體的某種存在，但我父親都不討論這類想法，我想他對此有很複雜的感受。」

我自己的父親鮮少跟我討論靈性的議題，但是他對他花園的愛、對大自然的尊敬，以及他對待員工的慷慨，都暗示了他的靈性價值觀。但他確實幫助我消除了強大而嚴厲的上帝的聯想。在我小時候，我父親一向非常隨和，完全不是威權式的人物，不是會雷厲風行執行規則的那種人。事實上，身為一個創作人，他會發明自己的規則，所以我從來沒有親身體會到我天主教學校同學說的那種舊約聖經裡充滿怒火的上帝，更不像他們經常都以上帝的名義受體罰。甚至我跟所謂的神沒有什麼關係，因為祂顯得那麼遙遠，我經常禱告祈求祂幫忙我面對我母親，但是既然祂從來沒有出手過，我想祂想必是忙到沒空聽我說話。或許也因為我父親在同樣的領域沒有什麼回應，我認定神是難以接近也沒有什麼實際效用的，我轉而將對於神性的想像投射到聖母瑪利亞身上，無意間把祂當成我希望自己能擁有的美麗、慈愛、正面的母親。

我父親在靈性上的漠然所帶來的一個正面效果是他對神的不敬，這讓我免於服從教條的箝制。二年級的某一天，輪到我把教室裡的瑪麗亞雕像帶回家，雕像上有一串會在黑暗中發光的玫瑰唸珠。這個瑪麗亞雕像會按順序由學生輪流帶回家，讓學生可以跟家人一起唸玫瑰經，那天晚上我媽媽得去一個會議，所以她要父親和我一起跪下來唸玫瑰經。我把瑪麗亞雕像放在床頭桌上，我們一起在她面前跪下來，我很懷疑父親是否知道禱告詞，但他含含糊糊地唸著聽起來似乎是正確的經文。我突然間打嗝很嚴重，所以我反正也聽不清楚。整個房間一片黑暗，只有瑪麗亞跟我手上的唸珠發出的光，我一直等著想看到瑪麗亞動作或微笑。我的打嗝聲越來越大，突然間，我爸爸大喊一聲：「哇！」我跳起來，同時又哭又笑。我不希望瑪麗亞覺得我父親不敬，因為這樣他就永遠無法上天堂了，但是他的不敬莫名地讓我從神聖的責任中解脫，也讓我停止了打嗝。我很久以後才明白，除了父親的不敬以外，我同時也吸收了他對於教會那些規矩與教條的輕鬆態度，不是所有爸爸的乖女兒都這麼幸運。

因宗教階級制度而被神背叛

爸爸的乖女兒從小到大都會以為自己長大後可以分享父親的地位與權力，許多人也從小遵從男性牧師、拉比或神父的訓誡跟教條。有些爸爸的乖女兒會盲目遵從教會訓誡跟教條，這顯示她們固守著童年時與父親默示的盟約，希望以此換得保護與愛。長大成人後，她們還是繼續「服侍」丈夫、兒子跟老闆，欠缺內在專注力去照顧自己內心的自我。爸爸的乖女兒一方面在成長過程中享有優勢的地位，但另一方面，她們也無意間接受了男性權威人物的侍女的角色。

父權宗教將上帝的形象保留給男性，藉此確保男性在階層制度中的特權，許多擁有這種權力地位的男人只對願意服從現狀的女人有興趣，不會希望女人加入她們的階級。神學家凱羅・柯莉絲特（Carol Christ）在《愛神的笑容》（*Laughter of Aphrodite*）中寫到她很驚訝而幻滅地發現她在私人生活中身為爸爸乖女兒的地位並不足以讓她在教會中獲得同等的階層地位，也無法幫她贏得她研習聖經時追隨的男教授的讚許。她寫道：

我以為只要了解如何取悅父親，我就會成為他偏愛的孩子，我從來沒有想過究竟女兒是否可能在父親的屋子裡享有平等的地位。儘管我與我父輩們的關係有很多病態的元素，但我還是因為他們的支持而對自己的智力跟能力產生自信。我想像出一個超越女性的自我核心，藉此獲得偏離傳統女性角色的某程度上的自由，以為我研讀的上帝的字句超越了性別化的聖經語言；以為我可以變得像我的男教授們一樣，因為我們有共通的人性，都熱愛追求智性的生活，也都對宗教問題深感興趣。[5]

以前被說「思考方式像個男人」時，凱羅覺得很自豪，她覺得自己很特別，像受父親偏愛的女兒。她瞧不起滿足於扮演傳統女性角色的女人，但她後來發現這種態度是對自己的女性特質的背叛。將自己塑造成父親和男性導師的樣子讓她完全不知道如何以女人的方式思考，以及如何同理同樣得忍受父權社會生活困境的女人。

凱羅跟父親們的關係在研究所時改變了，當時她從男女同校的大學搬到以男性佔多數東方的一所大學，而發現自己很難被認定為一同受訓的同儕。她寫道：「研究所時，我發現跟我一起讀書的男人首先認為我是女人。他們不接受我為同儕的事實觸發我開始質疑女兒是否真的可能在父親們的屋簷下被接受。」[6]經過一段時間，度過這最初令人沮喪的經驗後，她終於明白自己不需要仰賴天父——或任何男人——來肯定她作為人、女人、學者或老師的身分，這個覺悟反過來讓她開始體會到女性的神聖性。

同樣地，爸爸的乖女兒經常是因為對父女盟約的深刻幻滅而對自己的女性靈性有更深刻的了解。我自己對天主教會的幻滅發生在大學二年級，我和一個平信徒傳教團去墨西哥時傳教時。我服務的對象是霍斯塔肯印地安人（Huastecan Indians），他們生活赤貧，墨西哥政府和教會對待他們如同對待動物。我工作的山村裡的許多人都因營養不良跟肺病而過世，因此我懇求天主教會的主教和墨西哥政府交涉，要求他們提供像樣的醫療照顧。他對我的年輕天真只回應一個溺愛的微笑，跟我說這不是上帝的計畫。他根本懶得跟我解釋為什麼一個公正慈愛的上帝會讓他住在一棟有自來水跟電視的豪宅裡，而這些印地安人卻必須一直跟他們的豬生活在泥土屋裡。當我質疑這樣的不平等是否是上帝計畫的一部分時，我跟他的會面就猛然被終止。我對於他如此不耐煩地趕走我感到震驚。儘管我知道在拉丁文化裡，女人不應該質疑宗教權威，但身為爸爸的乖女兒的經歷讓我期待會被傾聽，期待我可以帶來改變。在這一刻，我開始理解，並且之後能清楚指出，這就是父權階級的權力與不公，這種階級制度支持著剝削女人、小孩、原住民與土地的經濟制度。我也開始理解即使在我父親眼中，陽光總是照耀著我，但絕大部分的世界並不是這樣。

父權制度中的靈性女兒

各種父女關係中，最能體現並延續對父親（父權）的崇拜及對母親（女性）的否定的，就是爸爸的乖女兒與她父親的關係。身為掌上明珠，我們必須自我教育，才不會因為認同父親，無意間延續了否定女性神性的壓迫意識形態。我三十多歲時，開始對以女神為中心的文化，以及神性是內在的，而非侷限於一個至高無上的男性神祇的思想感興趣，對於許多文化描繪的女性神祇的強大形象深深著迷。神可以是女人，而不是（如我過往被教導的）只能是男人，這個想法讓我覺得自由又興奮。這除了代表女性特質是神聖的，和男性特質有同等地位，這也表示，身為女人的我不再與神分離，以及身為女兒，我不需要認同父親才能夠認識神。

接下來兩年我拍攝了不同社經階層及種族的女人，並訪問她們個人對女神的理解以及女神在她們生活裡扮演的角色。這個名為「改變中的女人：女神的多種當代面貌」（Change Woman: Contemporary Faces of the Goddess）是一個有線電視節目的焦點報導。當我把這個節目的錄影播放給父母看時，父親對於神以女性的樣貌呈現感到困惑不已，他吼說：「什麼女神？」還有「我女兒不可能說出這種蠢話！」父親就跟教宗一樣不可能接受至高無上的女神這個想法，對他的反應我驚訝到說不出話。後來才感到生氣，生氣他如此不屑我這麼看重的事情，甚至無法暫時拋開他的觀點來欣賞我的成就。父親的回應也讓我清楚看到，如果我的興趣沒有反映他的價值觀，他就不可能想跟我討論。如果我想繼續探索具有神性的女性，就必須切斷我們過去的盟約，因為在我過去的世界裡他就是至高無上的神。

女性主義學者夏琳．史普萊納克（Charlene Spretnak）在《女人的神性的政治學》（*The Politics of Women's Spirituality*）中提出一個引人深思的問題：「如果所有女人跟男人都知道父權制度其實只有兩千多年的歷史，在此之前的兩千五百多年，人類社會都圍繞著女神概念建立，那會怎麼樣？男性至上的宗教與社會結構會繼續被認定是萬物的自然法則嗎？女人會繼續把權力交給男人嗎？又或者，女人知道以父親為中心的宗教其實只是歷史新近的現象後，是否會開始要求自己的平等地位，重新宣示自己的神性智慧？」[7]

經由考古學家瑪利亞．金布塔斯（Marija Gimbutas）和其他許多學者及研究人員的廣泛研究，母親神或大女神比父神更早存在這件事已經廣為人知。我讀到在舊石器時代的洞穴、土耳其安那托利亞平原上，以及其他近東跟中東新石器遺址找到的雕刻都顯示至少從六千年前開始，很可能直到兩千五百年前為止，女神崇拜就是所有人類生活的核心，這讓我深深著迷。女性樣貌的雕塑跟符號佔據這些洞穴遺跡中的中心位置，顯示大女神在日常生活中的主導地位。在神殿跟家屋中，在水瓶跟黏土塑像上，都可以找到大自然的符號——太陽、水、牛、鳥、魚、蛇、孕育世界的蛋、蝴蝶，還有懷孕或生產中的女神。[8]以女神為中心的社會裡，世俗跟神聖不是分離的，宗教是生活，生活就是宗教。神聖家庭的領袖是女人：偉大母親。她被尊崇為造物者，她的身體是神聖的，所有生命都發源自她，而土地的符號也和女性身體成為同義詞。

身為大地創造者的偉大母親象徵，經常被描繪為身邊有一個配偶或兒子，但這個象徵在史前時期的墳塚文化入侵時代（Kurgan invasions）被父親神祇所篡位，然後在基督教成功消滅母親神原型，並以創世者上帝及救贖者上帝之子取而代之後，徹底被剷除。[9]大約西元前四千五百年開始，從歐亞大草原向外一波波擴張的入侵者將男性的神（全能的統治者，而不只是母親神的兒子或配偶）傳到印度、中東與近東、東歐和後來的希臘。[10]

因此父權的宗教其實是一個相對新近的現象。夏娃被逐出伊甸園象徵了父權宰制的開端。夏琳．史普萊納克寫道：「父權階級社會的根本理論來自父權宗教，基督教、猶太教、伊斯蘭教跟印度教都結合了男性的統治神跟針對女性的禁令，把女人描繪為蕩婦、不潔或邪惡。我們被教導認定是夏娃不聽從蛇的警告而導致人類被逐出伊甸園，我們被教導去認定是因為她的行為，上帝才下令女人必須臣服於男人的統治。」[11]

早期的拉比教士跟基督教會的神父都責怪是夏娃，也就等於所有女人，違逆了上帝才導致人類的死亡。[12]早期的教會神父甚至建立了一個「事實」，說女人缺乏靈魂，所以小孩的靈魂是由父親的精液傳來。[13]而且這並不是早就過時的信念。康妮的父親是衛理公會的牧師，之前她就提過：「我最近才發現父親一直都相信女人沒有靈魂。所以他認為讓我母親、兩個姊妹和我上天堂，是他的責任！」

夏娃是因為沒有服從上帝的規矩而被驅逐；也是因為她沒有完美地服侍上帝。就像夏娃一樣，我們所有人的母親，爸爸的乖女兒們的母親，也因為沒有完美地服侍父親，而被自己的女兒排拒，而女兒如果膽敢違反與父親的盟約，也會被父親排拒。我們可以藉由審視現代女人的夢，而發現例如夏娃這類神話現實對神聖女性的誹謗如何在現代生活中被體會。一個從小身為蘇格蘭聖公會教徒的爸爸的乖女兒描述了她剛加入一個女性團體研讀女神時，所做的一個夢：

我在戶外用石頭做了一個神聖圈，把代表慈悲的觀音放在中心。父親趁晚上我們不在的時候走到石頭圈旁，他繞著圈子盤桓，然後朝圈子中心丟出一個威士忌空瓶，砸碎了那座觀音像。

這個夢裡的父親無法實際進入女人的圈子，他只能在周圍盤桓，他覺得被排擠，於是貶低並摧毀這個圈子。失去母親宗教對女人是一大失落，但對男人也是，父權階級的宗教對所有人都有毀滅性的影響。這個爸爸的乖女兒夢到這個圈子的**中心**是觀音，而非男性的神時，等於朝著自主的靈性自我認同邁出了第一步。在她的夢裡，父親摧毀了女性的崇拜形式，這象徵她身為爸爸的乖女兒，在試圖放棄對父親的理想化，不再把他視為神的時候，她心中感到的恐懼。

這恐懼有兩個源頭：其一是個別的爸爸的乖女兒擔心自己與父親分離而個體化，可能會導致父親死去的非理性恐懼，就如我們在第一章看到的，我開始寫這本書時做的夢；另一則是女性共同繼承的，對於挑戰父權宗教的集體恐懼。

靈性的具體呈現

靈性是未知的、高深莫測，無法以言語形容的。它經常在神話跟意象中被描述為天父、大地之母、氣或靈。沒有靈性，就不會有任何創造。在創造之前，靈一定要進入心，進入頭腦，進入身體，只有靈性被具體呈現時，變化才可能發生。對爸爸的乖女兒來說，體會到靈性的具體呈現格外困難，因為她們認同父親，並因此否定母親，這讓她們與自己的女性特質分離。因為認同父親，她們會專注在頭腦，而不是身體。南希在追求獲得律師這位高權重的職業地位時，經歷了陰道感染，即使這份職業並不是她靈魂所渴求；瑪麗安在二十幾歲到三十出頭時一頭鑽進東方宗教的研究，而忽視自己的性生活；我則在懷孕六個月時差點失去第二個孩子，因為我忽視我「沒用的」子宮頸發出的痛苦的訊號。我們每一個人都忽視自己的身體的智慧。

對很多女人而言，她們最神聖的時刻都是跟肉體有關的：被抱在懷中、幫所愛的人按摩、做愛、哺餵孩子、感覺所愛之人臨終前呼出的最後氣息。許多女人講到她們在生育時覺得進入一個先前從來不知道的境界。在《神的女性面貌》中，精神醫師及榮格分析師珍．希諾達．博倫（Jean Shinoda Bolen）回憶說她生產的經驗有如「頓悟的具體呈現」：

> 在那過度的一刻，某種我無法言說的事情發生了。我所熟悉的自我彷彿降落到一個溫暖陰暗的池子裡，而那一刻，我經由我的身體感受到一種神聖的認知。我參與了造物的奇蹟，這完全轉變了我的意識。它改變了我。[14]

具體化的神聖體驗當然不僅限於女性生育的經驗。在小說家艾莉絲．沃克（Alice Walker）的《紫色姊妹花》（*The Color Purple*）中，希莉亞宣告她再也不要寫信給上帝了，因為他就跟她生命中所有男人一樣，「沒用的健忘又低級」，於是莎格．艾佛瑞在回信中，對於她在大自然中的對上帝的體驗，有一番卓越的描述。莎格說：

> 上帝不是他或她。祂跟任何東西都不像。祂不是電影。祂不是你可以跟其他東西分開來看到的，包括你自己。我相信上帝是萬物，例如莎格。現在的、以前的，跟以後的萬物。等你明白這點，願意去感覺，你就會找到祂……我脫離那個老白男人的第一步是樹木，然後是空氣，然後是鳥，然後是其他人。但是有一天當我安靜地坐著，覺得自己是個

沒有媽媽的孤兒，當然我就是，那感覺突然來了：**覺得自己是萬物的一部分的感覺，不再是分隔的。我知道如果我砍下一棵樹，我自己的手臂也會流血。**於是我大笑、大哭，滿屋子奔跑。[15]

感覺跟萬物融為一體是靈性經驗的核心。對爸爸的乖女兒而言，問題在於她的個人經驗就是沒有分隔的，她的發展功課是要將自己跟父親分離開來。直到她重新建立自己的界限，塑造出自己的身分認同，她才會有足夠強大的核心，讓自己成為萬物的一部分——容許靈性的融合，而非被父親吞噬自我。

改變對神的感知

隨著我們試圖以自己的方式理解靈性，我們對神的意象會在一生中不斷演變。爸爸的乖女兒必須將父親從對神的感知中分離出來，並體驗到較為具體的靈性經驗，才會對靈性有比較成熟的理解，此時她才能明白神聖是觸手可及的，在可見與不可見的領域中都存在。接下來這個夢裡，康妮體驗了深奧莫測的經驗，對於她自己跟她身為基本教義派牧師的父親，都有了不同的感知。靈進入了她，她飄浮起來，然後她「了解了自己」是「神聖女人」之一。她夢到：

我走在一條路上，然後注意到之前從沒見過的一座基本教義派教堂。我走進去，一個男人正以激昂的聲調講道，裡面大多數人都是非裔美國人，而儀式真的很有趣，他們唱著音樂片「搖滾時代」（Rock of Ages）的歌曲，歌聲很振奮人心。我留下來看著所有人離開；他們的樣子都好有趣，非常祥和美麗。黑人牧師走到後面來，他穿著卡其短褲，看起來像是準備去獵遊的樣子。我問他下週會不會有禮拜，他說下週是「神聖女人」們的訓期，我問他神聖女人是誰，他不客氣地回答：「她們生來就是了。」他感覺不友善，態度也很粗魯。我決定就算了，或許我還會回來，或許不會了。

我走下階梯，走向人行道時，突然發生了一件事。我在階梯間漂浮了起來。我跨步……往後推……飄起來……跨步，那感覺非常優雅，像無重力的步行。我覺得應該沒有人發現，於是我自己享受著那感覺，但那牧師走到人行道上，他注意到了。人行道旁有一個敞開的墳墓，於是他在墳墓裡躺了下來。突然間這變成他的喪禮，致哀的人圍繞在他身邊。我則繼續漂浮著。他很仔細地看著我。

他說：「你不到三十歲，對吧？」他說話的方式讓我在夢中知道神聖女人都是三十歲以下，而他正在考慮要不要邀請我加入避靜處。我回答：「不，我已經快四十歲，而不是三十歲了。」他問我是不是拉過皮，此時我明白他並沒有真的看到我飄浮起來，只是覺得我身上有些特質感覺很年輕。

我在他的墳墓旁坐下來，說：「沒有，我只是有很多很多好的人生。」我不確定一個基本教義派的牧師是否能接受轉世重生的說法。我說：「你知道的——你好好地活，就會好好地死，然後你下次的人生就會更好。經過幾次好的死亡後，你就會一路順遂了。」

這個夢預告了康妮跟教會和父親的關係轉捩點，兩者都是她內化的權威的來源。她以前的夢通常都描繪她遵從教會的規矩，服從父親，尋求他的保護，而在這個夢裡，她藉著漂浮超越了一切從眾的規範。她體內充滿了靈、光與浮力。牧師承認了她的轉變，於是在墳墓裡躺下死亡。在他臨終時，他自發地改變了自己對於何謂神聖女人的信念。

康妮的父親迄今沒有體會過這樣信念的擴張，但她希望他臨終前能經歷。他這輩子都嚴格遵從教會的教誨，卻一次次因為他的工作不受教會的長老們認可而感到失望。現在他已近臨終之際，覺得被自己的信仰疏離。

康妮說：「我上次回家時，我問他在靈性方面有什麼感覺，他說：『很迷失。』我問他是否還害怕死亡，認為天堂是他的回報，他說：『我真的不知道』，然後就哭了起來。我認為他把教會的教條跟靈性混為一談了，他在人生的最後幾年卻在靈性上感到虛空。」

康妮的父親過去告訴她，一個人一生的所作所為會決定他能否上天堂，得到他的回報。由於他這輩子的工作並沒有得到教會上層階級的認可，因此他不確定自己能否在天堂得到回報。

她說：「我希望他能放掉這個囚禁他這麼多年的信仰體系，但是我找不到方法，他並不想要我的幫忙。」

跟康妮不一樣的是，有些爸爸的乖女兒發現她們的父親在年近遲暮時，會想要和她們討論靈性的事物，會承認並想要聽聽女兒的智慧。爸爸的乖女兒在接受父親的老去與死亡時，也可能會發現她對上帝的感知改變了。當父親失去了英雄的形象，就有了空間容納對靈性的更深的理解。

南希的父親二十一年前溺水身亡，最近她才第一次到她父親墳前。促使她前來的是幾個月前的一個夢，她夢到自己抱著父親的身體走過一座橋，來到一個長滿草的小土丘，然後告訴他，到了他安眠的時候了。他同意了，於是她讓他在一個敞開的墳墓裡躺下，跟他道別。作了這個令人心痛的夢之後，南希對猶太教又重燃起興趣。她在給我的信中寫道：

「如你所知，在我父親，也就是我的國王，死去時，我就失去了信仰。父親溺死的那天，對我而言神也死了。但大約在過去一年以來，我卻慢慢開始相信世上可能存在著超越人類的靈性力量。我花了一些時間研究東方宗教，但後來明白不論是好是壞，猶太教已經烙印在我的靈魂裡——它的歌曲跟祈禱都會撥動我情緒的弦，所以我開始在地方上一所猶太會堂和一位睿智的老拉比上關於猶太教的課，讀了很多經文，試著看看能不能在我所繼承的宗教與我的靈性感受之間達成和解。我不知道這股重新認識猶太教的衝動會帶我走向哪裡，但當我離開我的宗教時，不知為何也切除了與失去父親這件事錯綜複雜連結的一部分自我。現在我已經強壯到可以處理這份失落，也願意靠自己展開新的開始，希望我能就此把失去的猶太教部分融入我的生命，最終滿足我在靈性上的渴望。」

康妮跟南希都找到導師——一個是特瓦族人的巫師，一個是睿智的老拉比。他們都是「睿智老男人」這個原型的體現，能幫助女人重新找回自己的靈性的、直覺的本質。但是首先，這兩個女人都必須讓自己脫離與父親的糾纏，才能自由地在生命中各個領域追求自己的興趣；兩個人都必須面對自己與父親的依附，開始痛苦地獨立於他之外的個體化歷程。我們將在下一章看到，拋棄爸爸的乖女兒的角色所必須付出的昂貴代價，因為她必須放棄作為原型女兒所獨有的特權與樂趣。

第三部

兩者的和解

第八章

不再是我父親的乖女兒

矛盾的根源看似簡單：你渴望自由也渴望被愛。但是當生命中第一個男人教導你這兩者是不相容的，自由的代價就會顯得高到無法承擔。

——艾琳．費爾威勒（Eileen Fairweather），《橘色箱子裡的男人》（*The Man in the Orange Box*）

如果我們離開父親的房子，就必須自立自強。否則我們只會掉進另一個父親的房子。

——瑪莉恩．伍德曼，《離開我父親的房子》（*Leaving My Father's House*）

在長大成人的過程中爸爸的乖女兒必須超越她對父親的心理依賴，才能活出健康、情感健全又獨立自主的生活。對於大多數爸爸的乖女兒而言，這需要經過痛苦的分化與個體化過程。她們對父親的依戀是如此深，對於失去他們的恐懼又這麼強大，以至於她們無法想像這段關係發生任何變化。莎朗・奧茲在〈最後遺言〉（Last Words）中描述了這種連結的強大羈絆：

「我不會放開你，除非你哀求。」[1]

身為爸爸的乖女兒感受到的與父親的感情，會比和母親的感情要強烈許多，所以她的分化功課主要集中在父親這方。母親一直是「另一個女人」，在女兒眼中，只覺得母親冷漠、疏離、不關心、負面、精神有問題、帶給她干擾、或排斥她。但當爸爸的乖女兒開始檢視自己與父親的關係，可能就會更清楚地瞭解母親。然而這層新的理解並無法保證女兒成功與父親分化。在《寫一個女人的人生》中，卡洛琳・賀布魯寫道：「母親可能會被女兒重新認識，賦予新的、有愛的形象，但能讓女人脫離父親而自由的，並不是母親。」[2]即使如此，癒合女兒與母親之間的裂痕確實有助於女兒脫離父親而分化，因為對母親的同理可以幫助她看到父親並不是完美無缺的，因此也會比較容易放下他。

每個女兒與父親分化的過程都是獨一無二的，而大多數例子裡，如果要發生任何改變，其發動者一定是女兒。邁向個體化的第一步是有意識地認知到彼此依附的程度。

瑪麗安說：「我不知道這輩子有沒有可能跟父親分化。如果他出遠門，我會感覺到他的缺席，等他回來時，只要知道他回來城裡，我就會整個人開心起來。我還是很需要他的存在。」

雀喜表達出同樣強烈的連結，她擔心除非她父親過世，否則她永遠不可能真的做自己。儘管她現在已經結婚，也有成功的事業，但父親還是會影響她許多的想法、感覺跟選擇，以致她覺得如果沒有了他，她就不知道自己是誰。她哀嘆說：「我不希望得等我爸爸過世，我才可能做自己。」

二十五歲的珍妮佛坦承她對自己父親的需要讓她覺得不自在。「我還是想要父親的愛、關注與讚許，也太需要他出現在我身邊，我覺得跟他太親近。我最好朋友的父親去年過世，雖然她跟他父親不如我跟我父親那麼親近，但看著她經歷這個失落實在很恐怖。我就是不希望生命中沒有他，他是我生命中極大的一部分。」

每當蜜雪表示害怕失去父親時，父親都會安慰她。二十八歲的蜜雪仍舊和她單身的父親一起住在家裡，她對於父親的逐漸年老感到很憂慮。「他年紀越來越大了，一想到他有一天會不在我就很害怕。我跟他談過，而他和我保證說，到時候我就會有自己的家庭了，一切都不會有事。但我只要想到這件事就很難過。我什麼事都可以和他說，而且他在任何情況下都會支持我。」

有些文化上普遍接受的儀式，標誌了女兒在青春期和成年初期時與父母分離的一刻，但心理上的分離對許多人而言仍舊是一輩子的功課。女兒會離家去就讀大學，工作、旅行、搬進自己的第一間公寓，買第一間房子或結婚，而在實體上離開父親。當她進入第一段認真的親密關係時，她的父親就不再是她最初的愛，而當她開始生兒育女時，家族的孫子女等同具體呈現他的地位被取代了。

但是父女之間的依附關係特別糾纏時，例如在爸爸的乖女兒的情況，情感依賴並不會隨著正常的發展階段而結束，而是必須經由拒絕、反叛、背叛、互相失望等行為，才能終結。當父親或女兒一方沒有做到童年盟約中隱含的條款，兩個人都可能感到受傷而失望，父親可能會（非常不自覺地）在女兒選擇配偶時，感覺遭到背叛；已婚或獨立生活的女兒則可能會因為父親不再給予她已經習慣獲得的持續的關注，而覺得被拋棄。父女都朝對方投射不切實際的形象，其中包含了兩方都不可能遵守的、不自覺的承諾。除非超越這樣的投射，否則雙方都會持續在情感上被束縛。

與父親分化的障礙

爸爸的乖女兒不願檢視她與父親的關係，因為她不想放棄與父親擁有完美關係的幻想。在《女人與她們的父親》（*Women and Their Fathers*）書中，維多莉亞・賽庫達（Victoria Secunda）寫道：「當你清楚看見他是具有各種不完美的真實男人，第一個風險就是你會被迫在情感上跟他分化，被迫放棄他是能解決任何問題、能做好所有事情，是個全能英雄的美好幻想。」[3]女兒如果看得太仔細，可能就會被迫面對她沒有從父親那裡得到的一切，以及面對她與母親之間空虛的關係。如果把父親的形象打回原形，她也就必須找出自己除了是父親的倒影以外，究竟還是什麼樣的人。

在《綠野仙蹤》（*Wizard of Oz*）中，桃樂絲跟她的小狗托托展開一場返家的冒險。大部分的神話旅程裡，家都象徵著返回歸屬的普世渴望，是對自我、靈魂與個人的核心的追求。桃樂絲是個沒有父親的小女孩，因此她把所有的希望、信任和期待都投射到奥茲大帝身上，當她遇到分別想要尋找頭腦、心跟勇氣的稻草人、錫人跟獅子時，她說服他們說奥茲大帝也會幫助他們。桃樂絲很有信心地向他們保證：「奥茲大帝可以解決任何問題。」

當桃樂絲揭穿奥茲的真面目，發現他只是個普通人，並不是全能的魔法師時，她對於被騙極為憤怒，很生氣他根本沒有能力拯救他們。她說：「如果你真的那麼偉大又全能，你就應該能遵守你的承諾！」她說他是個壞人，但他糾正她說：「我是個很好的人——我只是個很糟的魔法師。」奥茲此時扮演的是睿智父親的角色，幫助桃樂絲跟她的同伴們知道他們一直在找尋的東西，其實本來就屬於他們自己。儘管奥茲有他的種種缺點，卻是激發他們成長與個人化的催化劑。

在揭穿父親的面具並接受他是凡人的過程中，許多爸爸的乖女兒都會經歷跟桃樂絲類似的旅程，讓神話不再是神話，接受一個同時擁有缺陷與才能的男人。爸爸的乖女兒小時候對父親的形象是膨脹的，他就像奧茲大帝一樣，被認為是無所不知、無所不能，又無所不愛的，她會對任何願意聽的人一遍遍地重述他的英勇事蹟（「我爸爸都……」）。但剛邁入成年後，爸爸的乖女兒就會開始發現父親並不能給予她本來相信父親可以隨意贈與她的心靈、勇氣與智慧，這些都是只能從她自身發展的特質。就跟桃樂絲一樣，當她發現他無法達成承諾時，她會對父親生氣。這些東西難道不是他們的盟約裡的一部分嗎？於是爸爸的乖女兒在消除她童年時的投射，揭穿父親面具的同時，也必須找到自己的價值，讓父親自由去過他自己的生活。

一個女人必須願意先放掉身為「爸爸的小寶貝」享有的特權，才可能和她的父親分化。雖然這樣特別的角色隱含著情感上與財務上的報酬，但也要求她持續仰賴他的讚許、意見、選擇，甚至可能是他的金錢。當女兒開始放棄這項特權時，她會感覺空虛、孤立、恐懼，她的自我認同不再和父親綁在一起了，她的情感「安全緩衝墊」也被抽走了。在這個痛苦的分離過程中，她必須將父親從她多年崇拜的神壇請下來，但要做到完整，這個過程就必須是互相的，不只是女兒要接受父親真實的樣子，父親也得接受女兒真實的樣子，雙方都必須收回自己的投射。如果這項任務完成，女兒就能學會相信她可以自己做決定、自己謀生，不需要她父親的贊同。而父親也會開始跟自己的情緒發展出新的關係，因為他的女兒不再像過去前半生那樣承載他的情緒，當然這一切發生的同時，必然會伴隨著相互的哀悼。

把女兒綁在身邊

對父親而言，和女兒分離是痛苦且困難的，父女關係的糾纏讓他對於女兒的人生有相當的控制——他可能還沒準備好放棄這樣的控制，因為身為保護者跟供給者的角色實際上能帶來很大的滿足感。他不想失去女兒的愛與崇拜，她對他專心一意的仰慕會安撫他逐漸老去的自我，尤其是如果他與妻子的關係缺乏溫柔與關愛，他會覺得仍然年輕、充滿活力，被他的「小女孩」愛慕珍惜。在一九四〇年代的電影《舊歡新寵：費城故事》（*The Philadelphia Story*）中，父親告訴現代女性象徵凱薩琳．赫本（Katharine Hepburn）所飾演的女兒說：「一個男人逐漸老去時能擁有的最好的支柱就是一個女兒，對的那種女兒……有個崇拜你的年輕女孩會讓男人覺得自己依舊青春不老。」

就如在第二章討論過的，大多數養出爸爸的乖女兒的父親跟自己的妻子都欠缺親密的關係，所以他們仰賴女兒來承載他們的感受與需求。當女兒離開他們時，他們不但失去跟生命中重要女人的溫暖而持續的關係，同時也失去這段關係中充滿滋養的情感與創造力。黛安．伊莉莎白．德瑞賀（Diane Elizabeth Dreher）分析了莎士比亞劇中的父女關係，發現沒能將自己的女性特質成功整合的父親經常會把這些需求投射到女兒身上。德瑞賀寫道：「莎士比亞筆下的父親會在女兒身上尋求美麗、純潔與母親般的照顧，他們對女兒的愛總帶著一種強迫感，到了近乎亂倫的程度。他們獨裁又有強烈佔有欲，珍愛自己的女兒並害怕失去她們，因為她們是他們安全的根基。」[4]

許多父親會在女兒對事業或其他男人發展出依附關係時，感到受威脅，他們不會在面對這些變化時努力保住女兒的愛，而是變得強烈佔有，盛氣凌人，敵對挑釁。德瑞賀把莎士比亞筆下的父親分類為反動型（reactionary）、唯利是圖型（mercenary）、自我中心型（egocentric）跟忌妒型（jealous）[5]，而這些類型也可套用在當代的爸爸的乖女兒的父親上。「反動型」的父親拒絕承認女兒已經長大。他不想放棄在她生命中的權力，他將她對別人的愛視為對他自尊的打擊，將她新建立的獨立視為反叛[6]；「唯利是圖型」的父親對待女兒像是一件可以為了自己的好處而隨意操弄的物品（在莎士比亞的時代，就是可以賣出或交易）。在現代社會，唯利是圖型的父親只在乎自己，利用金錢的資助讓女兒繼續依附，以滿足他自己的需要；「自我中心型」的父親拒絕將女兒視為分離的個體，不願意放手，將女兒視為自己的延伸，彼此之間沒有界線，所以在情感上會變得侵略而控制，他無法想像女兒會選擇一個他不贊同的職業或配偶；「忌妒型」的父親則在女兒開始發展出自己的生活時，表現得像個被拒絕的愛人。他拒絕贊同她所做的可能會影響他接近她的任何獨立選擇，當她和別的男人進入一段認真的關係，他會以情感的疏離來懲罰她。

大部分爸爸的乖女兒都被教導成依靠父親，而排拒其他所有男人。父親對於女兒向前邁進而離開自己，往往給予矛盾的訊息，這不但抑制了女兒的自主獨立，也讓女兒不敢從他人身上尋求情感的支持。

去你想去的地方——但永遠不要離開我

許多女人在小時候受父親鼓勵要獨立、有創造性，但當她們成年後試圖展現父親培育的這些特質時，卻震驚地發現會因此遭到父親明白的抗拒與反對。這種反對能以德瑞賀分析莎士比亞的父親時描述的任何一種形式來呈現。例如作家雪莉．艾伯特就在她去紐約追尋寫作生涯時，感受到她父親像個忌妒而拒絕接受的愛人。艾伯特在她大學最後一年快結束時，得到在《女性》（*Mademoiselle*）雜誌擔任客座編輯的實習機會。結束實習工作後，她回到阿肯色州溫泉市的家鄉，打算跟父母道別後再搬去紐約。艾伯特的父親拒絕祝福她，還譴責她拋棄他與她母親。他們一起開車去火車站，一路上沉默不語，父親表現得像是她是個叛徒，但事實上他從小就栽培她，希望她成為他未能成為的「做書的人」。當他們抵達車站時，父親對她說，她一直都被寵壞了，有一天等她父母都死了離開世上，她一定會很後悔，因為沒有人會像他們那麼看重她。艾伯特的母親試圖調停，叫她先生不要再講了，給女兒一個機會，但她父親仍舊講不停。在《賭注登記人的女兒》，雪莉．艾伯特寫道：

父親突然淚流滿面，把我的雙手緊握在他手裡。「你不可以這樣對我，我的寶貝，你不可以離開我。我只有你了，以後我要跟誰說話？」「別這樣說，爸爸，別說了。」我抱住他。我為母親感到深深的哀傷。他可以跟她說話的，只要他願意嘗試。[7]

但是他從來不曾嘗試。艾伯特的父親把他所有知性上的好奇、壓抑的情感跟不自覺的期盼都投注在女兒身上，用他充滿書本與思想的世界引誘她。此刻她要離開他，靠自己成為做書人了，而打破了他原本認定的雅典娜神話中女兒的交換條件，要永遠愛他並服侍他。他拒絕放手讓她走，就像許多爸爸的乖女兒的父親一樣，他認為她是拋棄他的叛徒。[8]

她不管做什麼都無法取悅他。她在紐約做一個低階的出版職位，一年後拿到了去法國讀研究所的獎學金，接著又去哥倫比亞大學，然後成為《地平線》（*Horizon*）的新人編輯，最後終於結婚。她父親因為病重無法參加她的婚禮，並宣稱他已經永遠失去她了。他完全不想認識她的丈夫，連遠距離認識也不想。他持續貶抑她事業上的成就，並哀求她回家。[9]

艾伯特的父親明確地拒絕讓女兒過自己的生活，但不是所有父親的抗議都這麼直接或明顯。別的父親可能就只是缺席女兒的畢業典禮；太忙而沒時間讀她的小說；忽略她的升遷；忘記她的開幕儀式；批評她的收入；或者在她婚禮那天突然沒有行動能力。但不論表達的形式為何，女兒所感受到的拒絕都是尖銳刺痛的。

我的經紀人賣出這本書的時候，我打電話給父親，希望讓他第一個知道我與出版社簽約要寫一本關於父女關係的書，以為他會很開心聽到我有這麼大的進展，但他顯然不覺得。「誰會想看這種書？」他說。我回答說女人跟她們的父親都會有興趣，還有正在養育女兒的新一代的父親，但他回答說：「恩，我今天倒是看了一本真正的書。關於柯爾特的。」「柯爾特？」我問道，覺得很困惑。「是指小馬？」*他回答說：「不是，是講槍的，你知道我很喜歡老槍枝。」

我震驚錯愕，無法理解，覺得他好像在說我聽不懂的外國語言，我感到完全幻滅，明白了我的成就對父親而言毫無意義，除非它們在某方面反映了父親的興趣。他一向喜愛精緻的手作物：地圖、船隻、房子、槍枝，而我對人類關係的研究從來沒讓他感興趣過，所以一家大出版社要出版我的書對他也毫無意義。

所有爸爸的乖女兒都想要也需要父親的讚許，但如果得不到這樣的讚許，女兒就得自己跨出第一步，就跟艾伯特一樣。一開始，在連結被切斷的寒冷裡，女兒會覺得受到拒絕，極度不安全。她會質疑自己的決定，飽受罪惡感困擾，害怕是自己做錯了。她覺得為自己做選擇是自私的：包括繼續念書、表現自己的創造力、開啟自己的事業、跟朋友相處、搬離開家。如果她

---

* 譯註：Colt，是一家知名槍枝製造公司，此字也是小馬的意思。

太自信、太有野心，或想要父親不希望她要的東西，她都會害怕失去父親的愛。女兒的自主對父親而言就是背叛與不忠的象徵，或至少是對他的生活方式的冒犯。到了某個時候，女兒會發現他要求的奉獻的代價太高了，她永遠都無法以自己希望的方式贏得他的讚許。失去依附關係或許就是她獲得自主必須付出的代價。

你跟其他女人不一樣——你跟我一樣

爸爸的乖女兒對父親會有過久的依賴，可能也和她從父親那裡接收的另一個訊息有關：你和其他女人不一樣，你跟我一樣。她從這個訊息中感受到令人困惑的雙重束縛：「你跟其他女人不一樣」暗示其他女人都是較為軟弱而低等的，而他的女兒不是；「你跟我一樣」則明白表示她是強大、獨立、有天份的。但在此同時，其中隱含的訊息是：「你一切都會按照我的意思做」——這絕對是很陰險的，會困住一個人的訊息。

爸爸的乖女兒花了整個童年內化這無時無刻存在的令人困惑的訊息，女兒會被養成覺得自己是全世界最特別的人，因此迫不急待地認同她父親的想法與行動，並暗自覺得自己與父親比母親以及其他所有人都優秀。就如在第一章討論的，女兒會變得偏好男性，重視男性的思考與意見，而貶低母親及所有女性，很多爸爸的乖女兒都沒有女性朋友。

瑪麗安承認：「我完全吸收父親對我母親的看法，開始認為所有女人都跟她一樣。他說她無能，並嘲笑她，我會認同身為加害者的他，而不是認同受害者的我母親。直到我修復了跟母親的關係，我才開始參與女性運動。對我而言，認同女人、尋求姊妹情誼、找出時間經營關係，讓女人在我生命裡變得重要，是一段很辛苦的努力過程。在過去，男人一直都比較重要，女人一向都是次要的。」

爸爸的乖女兒被栽培成像她的父親（「你跟我一樣」），但她必須確保自己的力量永遠不會強過父親。默示的合意是她要一直忠於他，也就是遵守他的價值觀跟他的標準，結果就是她不會發展出強大女人的自我認同，無法享受作為一個女人。與父親的盟約讓她無法與男人或女人形成深刻的關係，也無法達到真正的自主。她可能會發現，每次她必須在父親的意見跟其他父親的代替者，例如老闆、伴侶、機構或她自身的希望之間做選擇，就會陷入矛盾。她對父親的忠誠讓她無法獨立出來說出自己的真話。

等待被拯救

大多數女人都會不遺餘力地拒絕別人說她們希望被拯救，但是在內心深處，其實我們大部分人都希望被照顧——只要不會危及我們的獨立。爸爸的乖女兒特別容易陷入這個互動模式。

女兒和父親達成的盟約裡隱含著一個承諾，就是她值得得到最好的照顧，而他永遠都會在她身邊照顧她。但伴隨著這永遠安全的保證，女兒吸收到一個更隱微的訊息就是，她是無助的，所以需要被拯救，而且父親還會以許多微妙的方式傳達什麼類型的無助是能被接受的。

一種爸爸的乖女兒可能會學到遏制自己的成長衝動，因為擔心任何獨立的嘗試都會威脅到她父親。她可能相信如果他不能再在扮演她生命中扮演核心角色，他可能就會在情感上拋棄她；另一種爸爸的乖女兒則可能在外表上模仿父親的自主跟強悍，但內心卻覺得很不安全。她一方面模擬爸爸獨立的外表，但不自覺地期待有人來照顧她，因此暗中破壞自己嘗試獨立的努力。

上面兩個例子裡，女兒都被要求呈現她父親偏好的特質──無助或強壯。實際上，這兩個女兒都接收到自己其實很無助的訊息，但是以不同的方式。其中一個是被期待在特定的領域顯現出某種程度的無助，例如在財務上、居家維修上或事業抉擇上；另一人則被期待顯現高度的自信與力量，但需要讓父親在每件事情上都有影響力，兩者都被期待當父親想要出手救援時，就要順從父親。一個女人跟我描述說，每次只要是她父親有的技能，父親就堅持要拯救她──例如做一個書架或幫她修車，但是當她有情感上的難題，真正需要幫助時，因為他沒有能力安慰她，他的反應就會是憤怒跟責怪。所以這拯救是高度不確定的，跟女兒需要什麼才能獨立無關，重點是她父親需要什麼，而能持續成為她生命中不可分割的一部分。

在《灰姑娘情結》（*Cinderella Complex*）中，柯萊特・道林（Collette Dowling）寫道：「我花了這麼多力氣要迴避的真相，就這樣毫無預警地迎面而來。我討厭自己一個人，想要像袋形縫合術一樣，被包起來生活在另一個人的皮囊裡。比起空氣、活力跟生命本身，我更想要安全、溫暖，被照顧。」[10]不論是否故意如此，道林在此都精確描述了爸爸的乖女兒與父親的典型糾纏連結。大部分強壯的女人，包括自詡獨立的女性主義者在內，都不願意承認自己有一部份是希望被包在另一個人的皮囊裡，被完全照顧。葛洛莉亞・史坦能（Gloria Steinem）是個例外。在她最暢銷的書籍《內在革命》（*Revolution from Within*）中，史坦能很有勇氣地坦承她在四十幾歲接近五十歲的一段時間裡，因為參與女性運動而感到精疲力竭，而退化到採取她從女性主義崛起後就再也沒有使用過的原始技能，也就是找一個男人來照顧她。這一次，她選擇了一個跟她幾乎毫無共同點的男人。她寫道：「我生命中的其他男人都對我的工作有興趣，我對他們的工作也是，他們也會樂於去找我可能喜歡的書、文章或電影，我對他們也是一樣，但這個男人會回答關於他生活與童年的問題，卻從來不知道要如何問別人這些問題。」[11]

不過他知道如何讓她的生活舒適，而在工作耗損且喪失希望中感到精疲力竭的史坦能讓自己被好好照顧，這是她因為父親缺席而沒有體驗過的。

「我有一天晚上很晚降落在機場，發現他派了人來接我，那種找到避風港的感覺瞬間被放大無數倍。記得電影《巴士站》中，在破落餐館唱歌的走投無路的歌手瑪麗蓮・夢露將自己緊緊裹在她牛仔男友的羊皮外套裡嗎？那就是我坐進那車子時的感受。」[12]

我想大多數女人都可以感同身受這種想要被拯救的欲望，我個人肯定可以。去年我的稅超出了本來估計的每季應付金額，震驚地發現我得提光過去十五年的積蓄來支付，我立刻就陷入期待拯救的模式，好希望有人突然殺出來，幫我解圍。我很生氣我得照顧自己，但又很羞愧我希望別人來照顧我，但最後我還是自己照顧自己，付清了稅。一開始我並不覺得這個經驗讓我變的高尚，但事後想起來我確實因此深刻意識到這樣的依賴與渴望的模式，根植於我想要被一個父親形象的人繼續照顧的欲望，以及我無意識多麼希望可以一直是原型的女兒。

女人被拯救的欲望有一部分根深蒂固地鑲嵌在像「灰姑娘」和「睡美人」這樣的童話故事反映的幻想中。這些故事裡，總是有王子來把女主角從折磨與危險中拯救出來，並給予她尊貴的地位。這種欲望更深刻的部分則是源自把權力跟責任移轉到父親以及其他男人身上，藉此換取舒適與安全的女性心理。我們第六章見過的電影製作人葛瑞琴說：「我總在暗中等待有個男人出現，提供給我生活所需的一切。我看男人就像供養藝術家的麥地奇家族一樣，覺得他們會將我一把抱起，帶回去照顧。我最大的恐懼是如果我得自己照顧自己，那就不會這麼有趣了。得到禮物，從任何父權制度的角色——父親、愛人或企業——那裡得到餽贈，才是最有趣的。」

戲劇化的拯救幻象會在女人內心不請自來地出現，由於父親—女兒—母親之間形成的三角關係，爸爸的乖女兒更容易陷入這種浪漫的幻想，因為女兒在童年時沒有受到母親的照護，或者女兒自己排拒母親，因此女兒所有關於愛與照顧的幻想都投射到父親身上。他是愛她照顧她的「好的」家長，而她是需要他、倚賴他的、崇拜他的女兒。當她後來進入跟男人的關係時，這些早期的模式會產生重大的影響。就算她自認是解放的、為自己負責的女人，也可能無意識地期待她的配偶供給她生活所需。舉例來說，如果父親沒有教導女兒負擔財務責任，她就可能學會操縱別人來獲取她所想要的，如果她能夠哄爸爸幫她買新玩具、直排輪、設計師品牌牛仔褲，後來甚至是一輛車，那麼她就會懂得故作嬌嗔和甜言蜜語是強大的工具。長大後，她會在各種關係中繼續重演操縱別人的技巧，她可能告訴自己說她是個完全獨立的大人，但無意識中她並不想為自己的生活負擔所有的責任，不論是午餐錢、房租、稅金、學費、家用或娛樂開銷，她都希望別人買單。

如果從童年早期與父親關係的最初，一個女人跟男人的關係就建立在倚賴跟需要上，那她要如何脫離這種類型的關係？只能靠她意識到自己是在複製跟父親的關係，並承認這對她成年後的關係有負面影響。這樣的女兒經常會先感受到被剝奪、憤怒，並嘗試操縱別人，才會在最後一次的頑強抵抗後，接受必須為自己的生活負起責任的現實。

轉捩點：發展出女人的自主

爸爸的乖女兒和父親的認同如此親密，以至於她會比其他類型的女兒更難同時與父親分化，並保持情感連結。與父親的分化開始於剛成年的年輕人發掘並表現出自我認同的元素——不同於父親的需求、信念、價值觀、目標與天賦，在這個過程中，她也會發現對父親的認同在很多方面都對她有幫助。許多例子裡，父親都曾經是橫跨在外界洶湧波濤上的橋梁，因此她已經善於面對這些波浪，也因為他一直讓她覺得自己很特別，她從來沒有預期身為一個女人會受到不同的對待。但是當她檢視他們關係的細微枝節時，許多不和諧的層面就開始浮現出來，例如當她終於和父親在她認為重要的事情上意見相左，她會很震驚憤怒父親對她的獨立觀點不屑一顧或完全排斥。當她開始編織起自我的認同，可能會發現為了映照父親的感受與意見，她個人的感受與意見都被抑制。辨識出表面的自主與令人窒息的依賴之間存在著隱微的衝突，是邁向獨立自我認同的第一步。

父親如果能積極地培養女兒在情感上與財務上的自主，這樣的女兒就太幸運了。

在第二章見過的醫生珮特從小時候就被預期以後要養活自己。她父親讓家人生活寬裕，但從來不要求相互依賴的關係。他對待每個家庭成員都是平等的，不論兒女都被鼓勵去實現自己的潛能。珮特也觀察到父親對待他的員工一律平等，不分種族性別，因此當她進入醫學界時，她也期望得到同樣的對待。

當她在一九五〇年代早期完成她的麻醉科專科訓練時，老闆跟她說，她的薪水不會跟男性醫師一樣多，因為他們要養家。珮特抗議說這種作法不公平，醫師的薪水應該依他們做的工作而定，而不是看他們要養多少人。她跟她的上司說，她做同樣的工作，就應該拿到同樣的薪水。

她說：「我父親總是說每個人的報酬應該看他們做的工作而定，不論種族或性別。他的態度就是一天認真的工作就值得一天誠實的薪水，他從來不會有差別待遇，所以我認為要求得到我值得的薪水，是完全合理的。」珮特的父親給予她對平等的期待，她自然認定她的醫學技能和男性同事的技能有同等的價值，因此很堅定要求得到同等的薪水，而她的要求也被應允了。

切斷財務供給但保持情感連結

大部分爸爸的乖女兒會發現她們必須自己發動，才能開始建立情感與財務上的自主，我們第六章見過的塔瑪就必須經歷一番掙扎才能獲得自主權，首先是放掉父親的財務支持，接著是自己做出自己的決定。

「父親從不鼓勵我自己做決定，」她說。「我必須抗爭才能獲得自主權。等我明白怎麼得到自主權，就跟他說：『這就是新的規則。』他就說：『好吧。』但是讓女兒以獨立成人的方式生活，絕對不是他想要的。這對我而言也不容易。他一直都給我錢資助我，而當我終於鼓起勇氣請他不要再給我錢時，都不知道我是不是真心的！」

塔瑪的父親會幫家裡的每個人做決定，身為工程師的他似乎對所有問題都有解決方法。塔瑪回憶說：「如果我說：『爸爸，我想做某件事。』他就會說：『那你要不要試試看這樣做？』我就學會了把問題告訴他，然後他就會告訴我要怎麼做。他是一番好意，但同時我就從來沒學會如何自己把事情從頭到尾想清楚。」

塔瑪成年開始工作時，發現自己需要用不同的方式生活。她的老闆當然會期望她自己解決問題，而她很快地發現她確實可以。

「我從來沒有在父親面前踏出這第一步，跟他說：『不要幫我，我想自己做。』」塔瑪說。「我必須面對現實，我從來沒有為自己做過決定，雖然我明明有這個能力。現在當我說：『爸爸，我想做某件事。』而他說：『那你要不要試試看這樣做？』我會說：『因為我已經想過了，我不想那樣做。我現在不會再問他我該怎麼做了，但這件事有好有壞。他很高興我會為自己想，但我知道他也希望被需要，不過他沒有抱怨過。」

婚禮鐘聲：把心交給別人，但仍保持連結

父女之間的分化歷程會在爸爸的乖女兒決定結婚時變得激烈，但最終婚姻是會切斷父女間的連結，或是會帶來新的親密，則取決於雙方是否願意成長超越原先習慣的互動模式。

雀喜發現在她剛訂婚時，她父親對她的控制欲有增無減，這讓她很不開心。他堅持要幫她跟她未婚夫吉姆辦訂婚宴，但他們倆都不想辦。她知道辦這場宴會對父親而言很重要，他想讓朋友都來看看他女兒多漂亮，同時認識他未來的女婿。她決定不值得為此和父親爭吵。對她而言真正重要的是結婚典禮的精神層面，父親想請他的一個朋友來主持婚禮，但她拒絕了他，她跟吉姆已經選了他們景仰的一位猶太教拉比來證婚。

雀喜跟吉姆在她父親六十五歲生日時帶父母出去喝酒，帳單來的時候，儘管她父親抗議，吉姆還是付了錢。雀喜對父親解釋說，現在該輪到他們來為他付出了，而且他們付錢不是為了控制，是基於對他的愛。她說：「等他習慣以後，他就很開心了，而如果都順著他，一切都不會改變，等他到了一百歲，他還是會什麼都要付錢。但那天晚上有些變化發生了，他明白了可以接受別人的付出，某種原因讓他軟化了。我覺得現在有了一些權威，不需要再表現得像個叛逆的孩子或青少年，才能從他身上得到我想要的。」

雀喜成功地跟她父親分化，但仍維繫著情感上的連結，女兒必須在過程中要求父親參與，而父親也必須願意參與，女兒才可能邁出掌握自主權的這一步，但仍和父親保持親近。但在下個例子裡，父親則堅持要擔任提供者的角色，才願意跟女兒維持情感的連結。

瑪媞在二十一歲時早婚，突然間結束了過去跟父親一直有的親密關聯，也終結了她自覺特別的感覺。她和丈夫搬到另一個城市，越來越少與父親聯絡。他說他不想干涉她的婚姻，但她感覺父親認為丈夫取代了過去一向屬於他的，在她生命中的核心地位，他在情感上的退縮讓她感受到巨大的失落。

十一年後，她的婚姻以離婚結束，她跟父親的關係隨之改變。瑪媞的父親不知道如何與她這現在這樣單身女子的身分互動，便經由他惟一熟悉的，也是她現在擔當的角色跟她溝通：一家之主對另一個一家之主，討論財務、生意，以及如何維持整個家。他覺得一定要讓她的孩子在離婚期間和之後都盡量不感受任何波動，讓他們不用搬家，所以他幫忙她付了三年的貸款，直到她可以自己負擔全部。瑪媞光靠自己的薪水絕對不可能負擔得起房貸，他的幫助確保了她的家庭安定。在她父親眼中，離婚反而給予她某種值得尊敬的奇特感覺與經濟能力。

瑪媞五年後再婚，這讓她與父親的情感連結又再度突然中斷。他只說，現在她「屬於」別人了。瑪媞的父親失去了她的依賴，便再度從他們的關係中退縮，現在她極少聽到他的消息。

他們的關係只能在她父親覺得被需要，而另一個男人缺席時才存在，她丈夫的存在排除了她與他親密的可能。

許多成年女兒的父親會覺得很難與不需要他們的情感支持的，也不需要他們經濟支援、有能力的獨立女性互動。男人習慣解決問題，給予意見，面對不想要他們幫忙解決問題也不願聽取他們建議的女兒，他們就不知如何是好。現在六十幾歲、七十幾歲跟八十幾歲的男人對於將女性視為同儕實在很沒有經驗，因此他們不是對女兒視而不見，就是視她們為照顧者、兒子或心理投射的愛人。

女兒需要很大的勇氣，才能對父親說不，做出自己的選擇，尋找自己的讚許與肯定。但一個女兒如果要將自身的認同與父親的認同分開、釋放自己的能量，到了人生某個時間點，她就必須拒絕他的外來權威，變得自立自強。這個過程中，即使有時會很痛苦，但她終會發展出自我映照、審慎思考與積極主動的能力，最後能切斷將她與他綁在一起的隱形的繩索。

女兒可能藉由讓父親認識真正的自己，成功地開始去改變她與父親的關係。在大部分例子裡，父親都曾教導女兒認識外面的世界，隨著他老去，她則懂了許多他沒有接觸過的領域，他們的角色可能會對調。近幾年來，許多男性開始有興趣與女兒談論他們私人的過去、家庭史、大自然跟靈性的思考，大部分的女兒也都有了方法進入這些領域，或許父女就可以在這裡找到共同的領域，開始創造出空間，發展更深的互相理解與愛。

跳下來，我會接住你：經由背叛而分化

許多爸爸的乖女兒則要等到有個意外的變數介入，才會開始在心理上跟父親分化：例如結婚、背叛、生病或死亡。我們已經看到結婚如何引發分化，接下來我們要看感受上是背叛的經驗將會帶來哪些正面跟負面的影響。爸爸的乖女兒跟父親之間的盟約確保了他會保護她，她跟他糾纏在一起的自我認同根植於這分盟約的信任，而她對父親的信任則取決於他必須有能力做到這份契約中的承諾，也就是保護她、照顧她。如果父親沒有能夠保護她，她會變得困惑而幻滅。從她的觀點，她遵守了自己在這份契約中應該做到的承諾，就是對他忠誠，因此如果父親無法保護她，她只能認為那就是背叛。

如果父親跟女兒之間沒有很特殊的束縛，那麼當女兒沒受到保護時，她當然也會感到傷害與失望，但因為她沒有很不切實際的期望，所以不會產生太強烈的被背叛感；而爸爸的乖女兒卻會因為父親無法遵守深植在她自我認同深處的承諾，而感到有如天崩地裂：「你是這世界上最特別的人，我會為你做任何事，只要你也會為我做任何事。」爸爸的乖女兒覺得自己已經為父親做了一切，所以當他讓她失望時，她會震驚不已。不過她對這項盟約的最終幻滅可能就會

讓她徹底解脫，開始跟父親分化開來。接下來的故事（改編自一個父親和兒子的故事）顯示了父親刻意的背叛如何實質地幫助女兒自立自強。

一個父親想教他的小女兒要勇敢一點，不要那麼害怕，因此叫她從公寓外面的樓梯往下跳。他把她放在樓梯的第二階，跟她說：「跳下來，我會接住你。」於是小女孩跳下來，父親接住了她。然後父親把她放在第三階，跟她說：「跳下來，我會接住你。」小女孩很害怕，但她是個好女孩，很信任她父親，於是她照父親的話做了。她跳進他懷裡。接著她父親把她放到更上一階、更上一階，每次都跟她說：「跳下來，我會接住你。」然後她每次都跳下來，他也每次都接住她。當她到了最上面一階時，她就跟之前一樣跳下來，但這次她父親往後退了一步，沒有接住她。於是這小女孩正面朝下直接摔在地上，她流著血，大哭地站起來，然後這父親對她說：「永遠不要相信任何人，即使是你自己的父親。」[13]

這個故事講的是信任與背叛，兩者其實是一體兩面。沒有信任就不會有背叛，而只要信任，就有背叛的可能。[14]一個孩子不可能停留在無條件信任父親的階段，原因很簡單，因為父親遲早都會打破這個承諾，讓她感到失望，或者像「無手的少女」故事中的父親一樣，無法阻擋外界的入侵，只要他是凡人，他就注定如此。但將自我認同跟父親的自我認同糾纏在一起的女兒會在父親讓她失望時，感到無比震驚，她如何處理這驚嚇，將會決定她是否能成功與父親分化。

原型分析師詹姆斯・希爾曼（James Hillman）寫道：「如果一個人每次跳下來時，都有雙臂將他接住，那他就沒有真的跳下來過。」[15]這句話多麼真實，這項功課又多麼困難。但一個女兒確實必須超越父親雙臂所提供的安全港灣，才可能擁有自己的人生。她必須離開已知的境地——他們的盟約中的熟悉地域——並收回對他的投射。有時候這樣的啟程就是由背叛引發，這背叛標註了她的純真的死亡，也是她覺醒的誕生——如果她選擇了解背叛所蘊含的真正意義。

第七章見過的康妮從小就要面對對家人施加情感跟身體暴力的母親，康妮還小的時候，她的兩個姐姐是中間的緩衝，但等她們離家，她就變成母親發洩挫折與憤怒的唯一目標。康妮十五歲時，她去找父親，列出一連串建議，建議他如何保護她免於母親的侵害。她懇求父親至少做到其中一件事：離婚；送她去念寄宿學校；讓她去跟其中一個姊姊住，或者為他們三人安排家庭諮商，每個建議都被他拒絕。身為牧師，和妻子離婚或把女兒送走，都顯得不光彩，如果他們去做家庭諮商，那所有人都會知道他們家有問題。康妮走出他辦公室時，覺得失望、震驚，而且被徹底拋棄。從那一刻開始，就如她說的，「我把他從我的心切掉。」二十八年後，在心理治療中，康妮才發現因為他拒絕保護她，從此她再也沒有對父親付出過感情。她也坦承她從來沒有為自己的疏離負起責任，而是將問題完全怪罪在父親身上。現在她終於承認，「之後我失去的一切是他的選擇，但也是我的選擇。」

女兒經常會把自己沒有從父親身上得到的東西，怪罪在父親、母親或兄弟姊妹身上，然而怪罪別人會讓一個女人停留在原型的女兒，永遠等待著被拯救。如果她拒絕從成人的角度看待父親，理解他身為凡人的限制，以及那個時代的社會限制，她就會在情感上一直和他綁在一起，停留在有如孩子的狀態，一直把他當成全能的家長，恨他沒有給予足夠的支持，而非理解並接受他有凡人的缺陷。

康妮開始接受父親的侷限，並為自己限制了彼此的關係負起責任。她明白了父親無法挺身而出對抗妻子的暴政，他不知道如何阻止她的侵害，而身為德州小鎮的牧師，他也因為害怕丟臉而不敢尋求幫助。明白了這點之後，康妮終於能夠為那個沒受到父親保護的孩子哀悼，了解他也有他的傷口，並將他的傷跟她的傷區分開來。這不表示她免除了父親應該在她小時候保護她的責任，只是她理解了整個家庭系統的功能欠缺，於是她能夠以成年人的身分與他建立新的情感連結，不再期待他是她的拯救者。

爸爸的乖女兒如果無法意識到自己跟父親的糾纏，她就會跟康妮一樣，利用父親的背叛或失敗來否定他個人的價值，只將他看成傷害她的加害者。她會深陷在他無法保護她、照顧她、支持她的信念裡，認定是他傷了她的感情，背叛了他們的祕密，將她趕出溫暖的巢，讓外面的世界入侵。為背叛感到憤恨的女兒就會拒絕父親；不接他的電話；搬到另外一個城市。她無法原諒他，因此把這個創傷帶進其他的關係裡。她可能會認定沒有男人值得信任，從此拒絕任何男人的愛。或者她會懲罰每個接續她父親腳步的男人，在他們無可避免地無法滿足她的期待時，感到失望。由於父親讓她失望，她會對配偶有更高的期望。他不但要拯救她，還要彌補父親造成的傷。

希爾曼要我們從愛與需要這個更大的脈絡來看「跳下來我會接住你」故事中的背叛，看到這個父親冒著女兒的骨頭跌斷，對他的信任破滅，以及他的形象破碎的風險，來幫助她往前走，超越他。[16]這父親這一生必定會一直懷抱著愧疚與痛苦，尤其如果他女兒拒絕原諒他的話。但是這個觀點暗示著父親的行動是有意識的愛與犧牲的行為。有多少父親會為了促成孩子的自主，而有意識地背叛孩子的信任？恐怕不多。在真實生活裡，通常都是父親身為凡人的侷限跟弱點無意間形成了背叛。

然而，如果女兒把背叛看作是成長的機會，她就會拍拍塵土站起來、尋找意義、往前走，而不再責怪父親。當她認知到父親也是有缺陷、有侷限的，她就能放棄自己童年的期待，同時獲得自我，這過程當然不是毫無痛苦，父親跟女兒都需要回憶與原諒才能意識到背叛的意義。只有從整個父女關係之間更大的脈絡來看待背叛，原諒才可能發生。一方面，父親對女兒的背叛似乎是他的罪，但如果女兒要成為自己，其中一方的某種背叛是必須的。成年後的爸爸的乖女兒必須承認這點，才能看到自己的父親也是凡人。理解背叛可能要很多年的時間，然後真正的原諒可能又要再經歷許多年。女兒跟父親必須先能和解，或許不是和對方和解，而是與這個事件的情境和解，這項經驗的各個正面和負面的層面才可能完全整合起來。[17]

如果父親已經過世或仍在情感上疏離，女兒就需要支持才能表達出憤怒與失落，除非能夠表達出受傷的痛苦，否則女兒就會一直因為失望、憤怒與悔恨而與父親綁在一起。她需要朋友、治療師或支持團體的傾聽。藉由藝術或寫作來表達也是另一種療癒的方式。她需要機會向前走。社會哲學家瑪丹娜・柯本史拉格（Madonna Kolbenschlag）寫道：「在人生中某些時間點，靈魂／自我必然會膨脹或者收縮。意識不能保持中立，一定得要做一個決定，然後接受後果。之後我們就再也不一樣了。」[18]

經由生病而分化

父親生病經常是父女關係的轉捩點，隨著年紀老去，父親可能面臨到健康衰退，無可避免地必須依賴女兒，使雙方角色發生劇烈變化。女兒成為照顧者，要照顧和她童年時期所知的父親近乎迴異的一個男人，那曾經令人敬畏的存在與宰制都因為身體衰退而削弱了。隨著父親變得脆弱；如同孩子一般；對她依賴，可能是他第一次接受她長大成人的事實，此時父女倆必須適應對彼此認知的改變。

瑪麗安的父親今年滿六十八歲，動了四重心臟血管繞道手術。他是家族裡唯一在早期心臟病發後倖存下來的男性。瑪麗安在他術後恢復期時餵他吃東西時，突然發現這是她第一次體會到他的脆弱。她說：「我這輩子都是由他當家做主，我感到非常哀傷，我正在失去他。一部分的我喜歡他不那麼主宰一切，但是喪失控制力跟放掉控制力並不一樣。看著他年老真的很令我害怕，我好像看到自己也終將一死。」

父親的死對兄弟姊妹可能有截然不同的影響，取決於他們與父親關係的本質，以及他們與他分化的程度。菲碧和艾莉絲與父親有截然不同的關係，菲碧是爸爸的乖女兒，而艾莉絲在她父親眼中則是「小寶寶」。兩姊妹彼此間的關係溫暖而友愛，也都有絕佳的幽默感，不過她們到四十歲時都沒有結婚，也以各自的方式深愛著父親。在母親過世後，父親被診斷出阿茲海默症，她們共同分擔照顧他的責任。整整十年，擔任學校老師的艾莉絲照顧與同住父親的生活起居，而在另一州擔任大學教職的菲碧則在假日和暑假時回來接手，讓艾莉絲得以休息，而她們最近和兩個兄弟一起決定要讓他去住安養院。

菲碧一向是父親的最愛，在她成長過程中給予相當的責任與關注。他把她當兒子看待，教她裝燈、換保險絲、修理家裡的東西。他週五晚上跟朋友們喝完酒回到家時，都會特別去找她。菲碧知道自己有讓父親平靜的能力，因此她會陪著他到大半夜，煮咖啡給他喝，聽他講人生大道理。菲碧是家裡第一個去別州念大學的，在完成生物學碩士學位後，她繼續做癌症研究。相對地，艾莉絲留在家裡，就讀當地的學校，接著在當地高中教書。身為這個成長於新英格蘭州的愛爾蘭天主教家庭裡的「小寶寶」，艾莉絲從小只被賦予很少的責任，父親對她的關注就是認定她是個「可愛的小東西」。在他眼裡，她從來沒有長大過，然而他對她的理想化小孩形象也讓她難以扮演一個成年人的角色。

父親日漸惡化的健康情形讓兩姊妹都必須各自處理如何放手的課題。這對菲碧比較容易，因為父親在她小時候就肯定她的地位與權力，現在也以成人的方式看待她。她說：「他的觀念裡是總要有個人負責維繫家庭，而那個人就是我，他要我確保我們所有人都保持親近。我心中有一個影像，我是世上最年輕的殉道者，聽著他喝醉後的胡言亂語，清楚地接受到他的訊息，就是我要負責解決全世界的問題。」父親鼓勵她成為最好的自己，她也達到父親為她描繪的形象。她取得博士學位後，成為放射生物學家，並且達到母校創校一百二十五年以來第一位女性系主任的成就。菲碧感到自己對得起父親的期待，沒有什麼遺憾。

相對地，艾莉絲從來沒有從父親那裡得到對她的價值跟能力的肯定，甚至他必須在生活上依賴她時，仍不願意承認她是個有自主能力的成年人。事實上，他無數次打電話給菲碧，說艾莉絲偷他的錢、煮「路上被撞死的動物」給他吃、想要毒死他。「艾莉絲最大的挑戰就是從小到大都要對抗父親貶低她的形象，面對他們雙方始終沒有成熟關係的事實。」事實上，直到他的心理功能惡化到必須依賴她之前，他們之間幾乎沒有關係可言。

「從他開始變得失智，而我開始捍衛自己開始，我們才發展出兩個人的關係，」艾莉絲說。「我會大叫說：『爸，這個我會做，你得相信我，因為這裡也只有我了。』現在他比較自在了。我把他照顧得很好，而我也終於開始對這件事感覺很好，但我不知道我這麼做是為了以前我所認識的父親，還是他現在變成的這個人。我照顧的這個人絕對不是我父親，他就像個孩子，我們的角色對調了。」

這兩姊妹的故事很深刻的一個啟示是，父親的態度對於女兒的自我價值感會產生截然不同的影響。父親認為菲碧是很有能力的個體，可以有所成就，於是她離家去實現自己的命運，但他從來沒有給艾莉絲任何鼓勵，把她當成永遠的孩子，於是她從來不曾離家。菲碧的父親對她的尊重讓她得以與他分化，她對這段關係沒有任何遺憾，而對艾莉絲而言，直到她父親變得失能，她才開始將自己和他狹隘而侷限的觀點分化開來，但她仍舊因為父親從來沒有肯定她而掙扎。她說：

「我接手菲碧的角色，但在他眼中我並沒有變成菲碧。他知道他得依賴我，所以終於不再像對孩子那樣對我。但是在他看來，我絕對不是一個長大成人四十四歲的女人，而且我相信我在他面前的舉止也確實不像。我想我也困在自己的那個形象裡。」

艾莉絲正開始找回自己人生的自主權，在父親進入安養院後，她頭三個月都無法去探視他。

「我進入了一段哀悼期，」她說。「讓我生氣的是，雖然我願意照顧他，但我之所以這麼做，是因為我們家族的信念認定最小的子女就應該承擔這個責任。我對這些家族信念堅信不疑，為此重新安排我的生活，拋棄了其他的路，只為了留在家裡。過去這一年的經驗讓我重獲自由，但我仍舊在作繭自縛，而不是展翅高飛。」

這個例子特別之處是這兩姊妹就像雙生的容器，各自承載著爸爸的乖女兒所呈現的某些特質。大女兒菲碧被父親理想化為有能力負責任的成人，能夠藉由他賦予她的角色的優點，與他分化開來。他給予她空間，實現他對她投射的成功職業婦女的形象，在此同時也交付她維繫全家的角色；至於艾莉絲，她父親則是藉由依賴她，自私地把她留給自己，但他從來沒有公開承認過這點。儘管艾莉絲照顧他的身體、照顧家、確保財務狀況健全，同時還要做好一份全職工作，但他從來沒有肯定過她的能力，直到他的失能迫使他接受這件事。菲碧跟父親分離的個體化歷程其實並不完全，因為她某種程度是在活出父親的投射。而艾莉絲則是必須經歷從頭到尾的完整奮鬥，放棄她身為「小寶寶」的特別角色，並終結她父親促成的依賴關係，證明自己的成人地位，才能脫離父親而完成個體化。

死亡與放手

失去摯愛的父親對女兒而言永遠都很難，但是如果她已經能與他建立不受限於需求跟倚賴的、充滿相互尊重的、成熟的關係，當她面對父親不可避免的離世時就會比較容易。如果父親過世時，女兒還是個孩子，深陷在她對他的理想化想像裡，那麼她就會很難放手，即使成年後也是如此。以下我們會看到，父親死亡的時間點與方式都會深刻影響女兒對於失去父親的反應。

克莉絲的父親在她十三歲時過世。就和其他小時候就被切斷與父親關係的女兒一樣，克莉絲持續將父親理想化。她在美國中西部長大，長得像電影明星那麼帥的父親每天晚上都會來房間裡，坐在床邊跟她說話，他想要聽她一整天發生了什麼事。他是在肉類包裝工廠上班的藍領工人，沒能夠完成高中學業，但是他希望克莉絲擁有充滿文化與藝術的人生。她說：「他總是鼓勵我表現我的創造力。我想畫畫時，他就買顏料給我；我想要雕刻，他就帶我去採石場找石頭。我跟他在一起的時候覺得我就是『他的小女孩』。一切都很好，直到我進入青春期，他的佔有欲變得令人窒息。」

克莉絲一直都感受到父母之間的緊張，也知道父親愛她勝過愛她母親。克莉絲老是跟母親吵架，而父親對她的偏愛更加深她母親嫉妒的怒火。她父親突然過世後，從此沒有人可以在母親面前保護她，也對她跟男人的關係有深遠的影響。

「父親三十年前過世時，我震驚不已，而這件事到今天都還影響著我！我對父親的死有很深的愧疚感。他禁止我交男朋友，而他過世的那天早上我們才為了他以為是我男友的一個男生大吵一架。當知道他在工作中出了意外時，我很肯定自己該為他的死負責。」

我錯過了從童年到成熟的自然進程，當我想跟一個男人親近時，我就會退化到像個十三歲的孩子。在男人方面我做過很多很糟的選擇。我過去都想要有一個爸爸的角色來照顧我，但是那樣的男人會認為他能像對一個小女孩那樣控制我、宰制我。但當我愛上一個不需要控制我的男人時，我又會害怕他會像我父親那樣離開我。」

克莉絲知道她仍受困於和父親的愛情裡，她對於理想化父親的依戀，以及對於父親過世的愧疚都讓她無法與男人有成熟的關係。她會吸引想要照顧她的男人，之後又會掙扎要脫離對方的掌控。她現在面對的挑戰是要放棄是自己害死父親的幻想，面對他永遠不會回來肯定成年的她的事實，並脫離父親成為獨立的個體，容許其他男人視她為平等的人來愛她。

露拉父親過世的情境也讓她很難好好道別，雖然露拉的父親是在她三十歲初時過世，但她當時仍陷在他們糾纏的關係裡，他的死迫使她必須和他分化。露拉的父親是在他們全家去喬治亞州度假時被閃電擊中身亡。在他們即將返家的前一天下午，父親帶她去他們固定每年進行的午餐約會，討論世界大事和家庭事務，談及她的母親、她弟弟的婚姻、他的朋友、農場跟她的狗。

「我們在喬治亞的離島席艾倫島（Sea Island），然後去一間海鮮餐廳吃飯，」露拉回憶道。「他正在喝啤酒，抽著他一年一度抽的雪茄。他放鬆的時候就會抽一根菸，感覺總像是他這輩子第一次把菸放在嘴裡。那是很奇特、很可愛的畫面。他穿著一件紅色的襯衫，高談闊論，像是慶祝我們關係的年度頒獎宴會。但是他這次顯得比較哀傷，散發著平常罕有的失望氛圍。」

露拉和她的父親吃完了午餐，坐進車裡，開上一條砂土小路，看著窗外的海。接著他們去看一棟公寓大樓，父親在那裡跟一個銷售人員聊起打獵和英國蹲獵犬，一部分是「美好年代的男人對話」，一部分是生意的討論。那銷售人員以為露拉是她父親的太太，父親也沒有做任何舉動去糾正他的印象。

回到他們租的小屋停好車子後，露拉謝謝父親午餐請客。天空突然變暗，家人開始把東西拿進屋子裡，為暴風雨即將來臨作準備。露拉的父親一句話也沒說，走去碼頭要把椅子收進來。露拉回憶說：「閃電打下來的時候，我們都站在那裡看著。我們先是聽到一聲巨響，接著一道巨大的環形閃光打中一座二乘四呎的電線塔，使我父親站的地面瞬間通電。他往後倒下，當時還下著滂沱大雨。儘管用盡全力急救，一小時後他的心跳還是停止了。」

露拉覺得父親過世的方式和他活著的方式是一致的：測試底線、不顧一切、抵抗自然。「如閃電般迅速的死亡正適合他。他本來就熱中於保持活躍、趕上進度、達成目標，沒有時間去多想或等待。身為獵人，他對於他所狩獵的動物的習性很著迷，但戰勝牠們更重要。他是主宰者，他可以感受一瞬間的著迷與欣賞，但他不能放任自己沉浸在這種感覺中。他還沒準備好成為老年人，邁向無法再像約翰．韋恩（John Wayne）的生命下一階段。他將無法面對這樣虛弱的感覺。」

露拉覺得她父親死後，她也會隨之死去。她在一種「虛空世界」飄盪了好幾個星期，認為再過幾天必然會有什麼事發生在她身上。如果他會死掉，那她也會死掉，但一次自行車意外讓她從自己會追隨父親死去的浪漫想法中驚醒過來。

「我明白了我還不到死的時候。我告訴自己往前走，去哀悼，但不要困在痛苦的夢裡。

我開始冥想，變得比較中庸之道，不再走那麼多路、多休息，並接受失去我心目中英雄的痛苦……失去一個永遠讚許我的人；失去一個總是斜著眼給我一個心靈神會的眼神，對我說『你說得沒錯』的人。我心想，這樣的人怎麼會死呢？如果他會死，那任何人都會死。我的安全網不見了，我的安全感也不見了。這個男人中的男人不見了。我永遠失去那樣的保護了。」

但露拉也明白她父親已經準備好「向前走」了。家裡的每個人狀況都很好，沒有任何嚴重的問題需要他解決了。她明白自己在人生裡一直仿效父親對於保持活躍的執迷，而父親的死終於幫助她慢下腳步並破除這個模式。過往她已經慣於藉由過度工作和使用精神藥物來讓自己假裝看起來很好，並否認自己的低自尊。

「父親的行為讓我合理化自己的行為，沒日沒夜地工作讓我變成了我父親，一部分我的還是想一模一樣地仿效他，但繼續像他那樣生活對我而言是有危險的：瘋狂工作、重視活動超過其他一切、貶低人際關係的價值，並自認這樣是對的。我從他身上得到的最好的教導就是懂得善用各種資源，那讓我同時有生產力也可以享受自由。他是這方面的最佳模範，這點我受用無窮。」

露拉很清楚父親的哪些方面是她想要仿效實現的，而哪些方面是她需要拋下的。這項區分是個體化過程的關鍵。每個世代都承載著她們的父親前行，而每個女兒都會從父親身上學到一些東西，她必須選擇要實現哪些，而要祝福並放下哪些。如果女兒因為父親的死亡、離婚、生病、侵害或背叛等事件，一再感受到傷害，她就很難與父親分化。那麼她所實現的就會是父親的痛苦，而非他所帶來的價值。女兒必須先治癒這些傷口才可能往前走，於是她能選擇和給予她價值的父親維持情感連結，認同那些想要承接的優點，並去除已經不再適用於她的行為跟態度。

美女與野獸：自主與情感連結

《美女與野獸》的故事非常清晰而深刻地描述了女兒與父親的分化過程。美女最後成功找到了愛、自我認知與自主權，同時也維持了跟父親的情感連結，正好適合作為本章的結尾。

由勒普林斯・德貝蒙特夫人（Madame Leprince de Beaumont）在十八世紀所寫的廣為流傳的《美女與野獸》童話故事裡，一位喪妻的商人有三個漂亮的女兒，最小的那個取名為美女。[19]父親意外地家道中落、財富散盡，全家被迫搬離城市，生活處境變得艱難。搬家後不久，這父親得出門一趟去處理一些事，他問三個女兒希望他帶什麼東西回來，兩個姊姊都要求漂亮的衣裳，但美女說她什麼都不要。當父親堅持要她表明時，她說那就要一朵玫瑰吧。

父親的這趟遠行並不順利，只能一樣潦倒地返家，途中他在森林裡迷了路，卻找到一個陌生的城堡過夜，得以在此遮風避雨，還發現了食物，不過沒有見到住在這裡的人。隔天早上離開時，他看到花園裡開滿了美麗的玫瑰，想起小女兒的請求，便摘了一朵玫瑰要帶回給美女。突然一頭可怕的野獸隨即出現，斥責他偷花，野獸對商人說他必須為此而死。商人解釋說他摘下這朵玫瑰是為了他的女兒美女，於是野獸說如果他的一個女兒願意代替他，他就能免於一死。野獸給他三個月的時間將事情處理好，和他的家人道別，然後野獸送給了他一箱黃金，讓他出發返家。

商人垂頭喪氣地回到家，給了美女那朵玫瑰。這些黃金讓三姊妹有了適合的嫁妝。當美女聽到父親講述這段故事，就堅持要代他受死亡的懲罰。他拒絕了，但她依然堅持。三個月後，美女在父親的反對下，陪伴父親來到城堡，野獸問美女是不是自願前來，她說是的。美女與父親哭泣著道別，於是野獸就放她父親回家了。

美女在城堡裡衣食無缺，但她覺得很孤單，很想念她的家人。野獸每天晚上都在晚餐時來見她，向她求婚，但她每晚都拒絕，接下來三個月裡，美女和野獸有更多時間相處，一起閱讀，也享受彼此的陪伴。野獸繼續請求她成為他的新娘，而她仍溫柔地拒絕了，於是他請求美女永遠都不要離開他，她答應她能做到，但要求去探望她身負重病並且很思念她的父親。野獸有一面神奇的鏡子，她可以從鏡中看見父親日漸虛弱。野獸給她一個禮拜去探望家人，並警告說如果她沒有在這段時間內回來，他就會死去。

隔天早上美女就發現自己已經回到家和父親待在一起，父親見到她也欣喜若狂。她與父親和姊姊們在一起實在太開心，待了超過一個禮拜。在第十天晚上，美女夢到野獸因為她沒有遵守承諾而心碎，正生命垂危。這時她才發現自己對野獸已經有很深的依戀，於是她立刻返回到他身邊。美女發現野獸命危，於是告訴他她很愛他，願意嫁給他。就在這一刻，野獸變成了王子，一個邪惡的詛咒被破解了。美女的父親跟其他家人都一起回來城堡，見證他們的婚禮。

美女名字的由來是因為她純真的天性，她跟自己的內在生命與她的外在環境都和諧共存。賴瑞・蓋茲（Larry Gates）在《尚恩・考克多的美女與野獸電影中的肉體的復活》（*The Resurrection of the Body in Cocteau's Beauty and the Beast*）中寫道：「在故事的開頭，每個人都活在一個神話裡，而美女的神話就是她是父親的小女兒。他們倆人享有一段原生的、柏拉圖式的、高尚的關係。這個家庭裡沒有母親，因此美女就能獨享父親。」[20]

美女與父親的生活很安寧，但終於來到了她必須往前走，超越這個童年純真的階段。她從來沒有離開過家庭的安全範圍，當她選擇為保全父親而犧牲自己的生命時，她就開始了個體化的旅程。在野獸出現時，美女意識到了自己的外表與感性的天性，踏上自我檢驗與覺醒的內在旅程。野獸的同理心與愛的天性超越了他醜惡的外表，當美女決定離開父親，自願嫁給野獸時，她就從女兒成長為大人。

美女的愛回復了野獸的人性，她失去野獸而換來王子，但這野獸喚醒了她的本能與性的本質，這都成為她內在風景的一部分。[21]美女有意識地決定去愛野獸，而為自己的內在與外在生命承擔起責任，她脫離了父親，達到個人的自主。只有當女兒跟父親都願意放手，爸爸的乖女兒才可能跟一個愛人有成熟而親密的關係，在此同時，女兒也能給予父親對他最有利的情感：她會尊敬他為智者與長輩。

爸爸的乖女兒在情感上的分化始於她開始認知到自己對父親依戀的程度，然後直到她逐漸願意捨棄身為父親特別的小女兒所得的賞賜，最後採取具體的步驟，讓自己脫離對父親的情感依賴和財務依賴。父親或女兒一方對彼此盟約的背叛，最終會幫助女兒達成個體化。結婚可能會加速她將原始的情愛依戀從父親移轉到配偶身上，父親生病可能會幫助女兒打破依賴的循環，而他最後的死亡則迫使她放手。背叛、結婚、生病跟死亡都是引發分化歷程第一步的重大里程碑。在最後一章，我們將討論持續將女兒跟父親綁在一起的，更細微的絲線，以及關於如何解開它們的更加隱微的歷程。

第九章

與父親和解

我是個女人。只要我還被我**腦中的父親**佔據，就不可能得到自由……不論是犧牲神話的父親而將凡人的父親尊為聖人，或是將性別歧視的社會裡父親所意味的所有黑暗特質都投射到內在父親上，而赦免我實際的父親，都不會讓我更接近真實——關於我自己、他、父親或女兒的真實。

——莎拉．麥特蘭（Sara Maitland），〈買一送二〉（Two for the Price of One）

爸爸的乖女兒被困在一個細細編織的網子裡，各種投射與期待將她和父親綁在一起。她可能會在發展自己的事業或滋養生命裡的人際關係時，覺得很獨立，但是她有一部分不自覺焦點永遠都會在父親身上，想著他會怎麼想、他會不會贊同。他們之間的連結就像始終不曾剪斷的臍帶，除非女兒願意檢視這在她和父親之間來回交織的細微而縈繞不去的絲線，否則她就會始終是典型的爸爸的乖女兒。

爸爸的乖女兒陷入一種持續渴望的狀態，這渴望背後隱藏著她對失去的否認——否認盟約已經被破壞。她渴望不可能的事：渴望父親毫無條件的愛、尊重、支持與認可；他對她專一的關注與男性的存在。她渴望他贊同她生活的所有領域：她的丈夫或伴侶、她的孩子、她的工作、她得來不易的成熟，甚至是她的朋友和她讀的東西。始終認同她父親的價值體系，或者不自覺地試圖改變父親的價值觀來配合自己，這持續的依附潛在地耗光她的精力，讓她停留在等待被他肯定、被動的、如孩子般的狀態。

如果父親在女兒小時候未能給予她在某個領域渴望的東西——讚許她的選擇、認可她的才智、支持她的夢想，或給她經濟安全、保護以及准許她跟自己分離等——她成年後就會將這些未曾實現的渴望投射在其他人身上——愛人、朋友和類似老闆的角色。她會一直期盼另一個「爸爸」會彌補她父親沒能給她的東西，而且拒絕接受她永遠不可能得到她小時候渴望的東西。舉例來說，我父親栽培我的智能，但他不曾支持我的創意與夢想，從整個童年到成年初期，我都一直給他機會這麼做，拒絕接受他在這個方面的限制。他未能支持我的夢想並沒有遏止我的渴望，事實上我的渴望反而更加強烈，我因此固著地幻想有一個男人一定會讓我夢想成真。

其中一個夢想就延伸到我的成年生活裡。父親在我小時候答應要幫我蓋一間遊戲屋，我們經過一年又一年反覆地討論，他也畫了一張又一張設計圖。我進入了他的遊戲屋建築藍圖，經常幻想著屋子會是什麼樣子，要幫窗戶做什麼樣的窗簾，要跟我的娃娃辦什麼樣的茶會，我們會玩得多開心。這是爸爸的乖女兒最完美的幻想：爸爸建造一間迷你屋，與媽咪隔絕，女兒可以在屋子裡完全擁有爸爸。

我父親始終沒有蓋出遊戲屋，它一直只停留在詳細描繪的建築藍圖。最近我才明白這生命早期未曾實現的渴望如何毒害了我與前夫的關係，暗中破壞了我自己擁有的權力。在我們的婚姻裡，我不斷試圖說服丈夫幫我在鄉下買一間小木屋，讓我可以在那裡隱居寫作。雖然我自己就負擔得起頭期款，但我堅持要他也進入我的夢想，幫我實現它。我不自覺地希望丈夫給我父親沒能蓋出來的「遊戲屋」。我先生不願意這麼做，無意間讓我連結到對我父親深埋的失望，而變成我跟先生之間的權力鬥爭。作為遊戲屋的小木屋不僅象徵了我失落的童年夢想，也象徵了我小時候渴望卻未能從父親那裡得到的，免除母親干擾的保護。

爸爸的乖女兒意識到自己的渴望後，之所以不願意放棄，很大的原因是來自於她與父親的關係中產生理所當然的感受。如同前面所討論的，爸爸的乖女兒的父親會讓女兒覺得自己很特別，並以某種方式讓女兒知道他會為她做「任何事」（只要她一直對他忠心耿耿）。這樣的女兒從小被養育成相信自己真的很特別，以至於她認為理所當然應該得到她想要的，她無法接受被拒絕。

大多數爸爸的乖女兒都學到她們可以用一種侵略性的，向外尋求的態度得到她們想要的，但她們通常無法自己滿足自身的渴望，因為她們的渴望比較隱微，無法清楚地被察覺，而且帶著她們童年的創傷與她們和母親的疏離。這些女兒渴望她們的心理之中比較柔軟的、靈魂的、女性的層面被認可，她們需要被母親照顧撫慰；需要傾聽她們本能的特質；需要創造屬於自己的夢想並實踐自己的幻想。她們在面對這些憂鬱但強烈的渴望時跌跌撞撞。她們過去一直仰賴真實的父親以及她們心中內化的父親指引她們應對外在世界，但父親的教導並不包括內在與外在世界如何攜手合作。[1]爸爸的乖女兒不熟悉如何轉而向內傾聽自己深層的智慧，只能尋求自己之外的人來滿足她們的渴望。

當一個女人持續覺得自己理所當然應該得到自己想要的東西時，這膨脹的理所當然感就顯示她們仍舊跟父親綁在一起。如果一個男人、一份工作，或一個情況無法滿足她的渴望，她就會去尋求另一個，不行就再換下一個，而期盼得到那些事實上沒有人能夠給予她的東西。她將永遠感到失望，因為她不自覺地仍在等待並期盼她父親給予她，他所承諾過的一切。爸爸的乖女兒要切斷自己永遠可以被照顧、被保護的原型承諾，就必須放棄希望父親（或父親的替代者）能滿足她一切需要的欲望。她不需要放棄自己的夢想和希望，但她確實必須認識到要學會照顧及保護自己，才能獲得心理上的健全。向這個現實妥協是一個漫長而隱微的歷程，並且就如同其他任何方面的心理成長一樣，都會經歷幾個階段：否認、憤怒、痛苦與哀悼、理解，以及最終的接受。

掙脫保護與期待交織的網

爸爸的乖女兒會一直在人生中實現父親的投射與期待，直到她發現它們多麼深植於她個人與工作的身分認同裡。這個發現通常發生在她對某個父親角色的幻滅經驗後——最典型的是對配偶、伴侶、或老闆。以我的遊戲屋為例，我將未能滿足的幻想投射在我前夫身上，暗中破壞我可以自己實現夢想的所有努力。爸爸的乖女兒也可能將自己對認同與讚許的渴望，以及她的投射與期盼交織的網，從父親轉移到老闆身上。典型的狀況是，只要她遵守這未明說的盟約，保持忠誠，她就會得到她渴盼的讚許，如果她膽敢堅持自己獨立的觀點，那因此產生的裂痕就會迫使她面對自己深埋的投射。每一次爸爸的乖女兒敢於在與生命中的男人互動時，引發一點改變，她就是在跟父親分化的路上跨出了重要的一步。

我們在第二章見過的丹妮耶在一家健康管理機構工作了數十年，是一位成功的專案主任，比她大十二歲的老闆是這個資源貧瘠的領域裡很有遠見的人，他主動提供服務以預防嚴重疾病的創新觀念很受到尊敬。丹妮耶是他的「左右手」，全心投入他的創見，孜孜不倦地實踐他的想法。多年來他們在工作上的關係都為她帶來許多刺激與滋養（而且在一段短暫時期裡還是親密的），但是當機構開始擴張時，她老闆的個性經歷了巨大的轉變。他變得多疑而愛控制，害怕他的同事們包括她在內，會搞砸他的想法。在幕僚會議上，只要下屬的想法和他有一點點不同，他就會變得強硬獨裁。當丹妮耶想要與他私下談論他對下屬的態度以及說明下屬的提議也有可取之處，他就指控她不忠又天真無知。令她更震驚的是，他之後還開始在幕僚會議上對她的建議直接忽視或嗤之以鼻。

丹妮耶開始發現她和老闆的關係在某種程度上就複製了她和父親的關係。只要她同意她的父親，避免提及任何不愉快的事，他就會很親切隨和，但是每當她試圖提出自己的觀點，他對她的尊重與情感就會立刻消失不見。丹妮耶害怕她老闆的怒氣和拒絕，就和她害怕她的父親一樣。她老闆持續公開羞辱她，讓她理解到唯一能繼續工作的方式就是鸚鵡學舌般照抄他的想法，即使她已經不再同意。她的選擇不是繼續保持沉默隱形，做一個忠誠的女兒，就是表達自己而面對羞辱與後果，或者離開。

丹妮耶最後選擇了辭職，這是一個令她痛心的決定，因為這麼一來她不但失去了她一手扶持發展的社群，也失去了她跟她熱愛而尊敬的男人的關係。斬斷了與這個「父親」的連結時，丹妮耶覺得自己像被放逐了。之後好幾個月她一直懷疑自己的決定，但最終丹妮耶發現離開這個工作是重新找回自己的關鍵一步。不再對她老闆投射她的期盼，也結束了力求表現爭取對方肯定的循環，她終於不再覺得內心分裂為二。在這個過程中，她找到了自己的聲音，也因為如此，她終於開始跟自己的父親有比較誠實的對話。

找到自己內心的權威感並對父親說出來，對爸爸的乖女兒而言經常是很艱鉅的任務。她已經如此習於和父親糾纏在一起，以致要朝向分離的身分認同跨出任何一步，感覺上都會像是某種死亡。我們在第四章見過的克蕾兒跟父親如此糾纏，直到五十多歲，父親在她心中的形象仍舊是一位戰爭英雄，是她的保護者。她父親在第二次世界大戰時離家四年，克蕾兒始終渴求父親保護她，幫助她脫離她酗酒母親冰冷刺人的怒氣，但是當她父親終於回家時，他也從來沒有處理他太太陰晴不定的情緒，只是全心投入當他的南方小鎮醫生。

成年之後，克蕾兒持續懷抱著不自覺的童年渴望，期盼被爸爸保護。她抱持著這些未被滿足的希望，直到她意識到小時候為了克服父親缺席的痛苦而發展出來的應付策略影響了她現在的生活。長時間下來，她為了保護自己不被母親傷害，以及為了取悅父親，她的「快樂面孔」人格深深烙印在她臉上，而她決定不要再繼續戴著這副面具。她對自己承諾再也不要為了他人的期待表演，不要再將自己被保護的需求投射在別人身上。於此同時，她做了下面這個夢，顯示她接受了自己的父親再也不會是自己的拯救者。她夢到：

有一個小女孩在沙漠裡，穿著溫暖、深色而粗糙的貝都因遊牧民族服裝。她被部落驅逐，單獨被拋棄在沙漠裡，而大黃蜂朝她蜂擁而來。她父親是一位阿拉伯大公，不在她身邊，但他應該是要回來找她的。這小女孩看著部落族人離她而去，她期盼父親會出現，但是她知道，所有人也都知道，他永遠不會回來了。她被驅逐出部落自生自滅了。

克蕾兒夢到自己是在沙漠裡的小女孩，等著父親回來。大黃蜂已開始向她包圍，她心底清楚自己是被拋棄的只能自生自滅的人，但這些昆蟲卻象徵著自發性的重生。在克蕾兒內心的，期待著父親拯救她免於母親侵害的那個女兒必須先死亡，然後重生，這個女人才能變得完整。雖然這是個可怕的夢，但克蕾兒知道這是她個體化過程中的重要一步。她剛從夢裡醒來時，對於和部落串通起來拋棄孩子的女人感到憤怒，但她內心知道這孩子其實可以靠自己活下去。克蕾兒後來明白父親一直否認她母親酗酒，因此不可能保護她跟其他兄弟姊妹。克蕾兒除去了她對他投射的英雄盔甲，接受了他真實的模樣，而終於開始能夠不完全認同他，獨自一人啟程。

在這個人生階段，克蕾兒已經盡了她身為妻子和母親的職責。最近她結束了三十年的婚姻，並發展出成功的事業，也有自信可以給予自己安穩的生活。她接受了她能夠保護自己，而且儘管她還在緩慢地摸索自己是誰，但她心中已經不再繼續承受童年時那種令人窒息的恐懼。

這兩個例子裡，每個女人都描述自己離開父親時感覺像是被逐出社會。丹妮耶和老闆意見相左時確實是將自己逐出了她所愛的社群；在克蕾兒的夢裡，她則是被部落驅逐，在沙漠裡流浪。被驅逐的人這個意象正足以描繪獨自追求目標的女人[2]，而沙漠就象徵了每個女人為了重新掌握自己的靈魂都必須踏上那旅程起始的不毛之地[3]。爸爸的乖女兒脫離了集體意識中父女合意的舒適圈，才能將自己與父親分化，脫離過去主宰她心理的古老模式。她埋葬了將她跟父親綁在一起的，過去孩子般的自我認同——由投射與期望編織的網——她開始了艱難的工作，在沙漠中找尋她更深層自我的骨幹。

無手少女長出新的雙手

你可能還記得那個無手的少女請人將她的雙手綁在背後，離開她父親的家，相信會得到她所需的幫助。她將自己逐出家庭之外，在路途上尋找盟友，來支持她的療癒旅程。

她一路走到夜幕低垂，來到一個皇家花園，裡頭的樹上都結了豐美的果實。她飢腸轆轆，卻發現花園外圍著護城河，注滿了水，根本無法過河，她跪下來祈求獲得幫助。一個天使聽到了她的禱告，於是分開護城河中的水，讓她可以走進花園。這天使陪她走進花園，她在花園裡看到一棵梨子樹結實纍纍。她用嘴巴摘了一顆吃起來。

她不知道的是，一個園丁正躲在樹林後，敬畏又恐懼地看著這少女與天使。國王第二天早上來到花園，按照慣例計算他的梨子有幾顆時，發現少了一顆。他問園丁發生了什麼事。園丁回答：

「昨晚有個沒有手的幽靈出現，用她的嘴吃掉了一顆。」[4]他向國王解釋說還有個天使在水中分出一條道路，幫助幽靈走進花園。於是國王決定第二天晚上跟園丁一起等候，看那個幽靈會不會再出現，這次他帶了一個牧師一起，要讓牧師跟幽靈對話。

到了午夜，這少女又從樹叢爬出來，走到那棵樹下，用嘴巴摘了一顆梨子吃，而天使就站在她身邊。這牧師走到他們身邊問：「你是來自天堂或人間？你是幽靈還是人？」

少女回答：「我不是幽靈，只是一個被所有人拋棄，但仍受到上帝恩典的不快樂的凡人。」

國王受少女的美貌與善良所震懾，於是對她說：「就算你被全世界拋棄，我也不會拋棄你。」[5]

他愛上她，帶她回到皇宮，娶她為妻，並請人為她訂做了一雙銀製的手。

一年後，國王必須遠行，於是請求他母親在他離去時，照顧他年少的皇后。如果她生了孩子，請她務必送信告知他孩子誕生的消息，他母親同意了。

結果這年輕的皇后果真生了一個兒子，於是國王的母親寫了信給國王，宣布這個大好的消息。她把信交給信差，但信差半路上停在小溪旁休息，卻太疲累而睡著了。仍對這少女懷恨於心的惡魔於是將這轉達好消息的信，掉包成另一封，裡面寫著皇后生下了一個可怕的怪獸。

國王收到信之後震驚又哀傷，但他還是立刻回信，請他母親好好照顧皇后，直到他回來。惡魔再度出現，把這封信掉包成另一封，信裡面命令他母親將皇后和孩子處死。

國王的母親接到信時，不敢相信裡面所寫的內容，她再度寫信給國王，但每次信件都被惡魔換成假的。在最後一封來自國王的信裡，國王母親被要求將年輕皇后的舌頭和眼睛保留下來，以證明這年輕女子真的被處死了。國王的母親對這項命令感到震驚，於是她請人殺了一頭鹿，把鹿的舌頭跟眼睛留下來。她哭著對年輕的皇后說，她不忍心按照國王的命令殺了她，但是為了她自己跟孩子的安全著想，她必須離開王國。她將孩子綁在皇后背上，他們便哭著道別，皇后再度被逐出她已經愛上的家。

年輕皇后日以繼夜地走著，來到一座茂密森林的深處，她跪下來祈求幫助，如同之前一樣。一位天使出現，帶領她來到一間小屋子，屋子的大門上掛著一個牌子，寫著：「所有人都在此自由居住」。

另一個天使從小屋裡走出來迎接皇后，帶她進去，把那小男孩從她背上解下來，放到皇后的胸前吃奶，然後她將孩子放到一張美麗的床上睡覺。皇后詢問對方怎麼知道她是皇后時，她說：「我是被派來看護你跟你孩子的天使。」[6]

皇后在這森林深處的小屋裡生活了七年，受到很好的照顧，而在這段時間，因為她信仰虔誠，又有聖靈的恩典，她長出了新的雙手。

最後國王終於返家，興奮地想看他的妻子跟兒子，但他母親斥責他：「你太邪惡了！你為什麼寫信要我殺害兩條無辜的性命？」[7]

她給他看了魔鬼偽造的信，跟他說她已經按照他的命令做了，國王卻痛哭起來，此時他母親才因為同情他，告訴他，他的妻兒還活著。一聽到這個消息，他立刻離開他的王國去找尋她們。他說：「只要天空還是藍色，我就不會停止尋找，在我找到我親愛的妻兒之前，我將不吃也不喝。」[8]

他花了七年漫長的時間，找遍了世界各個角落，完全不吃不喝，但在上帝的恩典中支撐了下來。最後有一天，他來到一座森林深處，看到一間小屋，屋子上掛了一個牌子寫著：「所有人都在此自由居住。」一個天使迎接他進屋裡，於是他告訴了她關於自己流浪的故事，她給他食物和飲水，但他都不要，只要求休息一會。他躺下來，把手帕放在臉上。此時，天使走進屋內房間，皇后與她取名為哀傷的兒子在房間裡，天使對她說：「帶著你的孩子出來吧，你的丈夫在這裡。」

皇后走出來，看見她的丈夫沉睡著。他的手帕從臉上掉落下來，她對兒子說：「哀傷，把你父親的手帕撿起來，幫你父親蓋住臉。」[9]她的兒子照做了。國王在睡夢中聽到皇后說的話，於是對著手帕吹氣，讓它再度落下。

這孩子於是不耐煩地對母親說：「親愛的母親，我在這個世界上不是沒有父親嗎？怎麼可能蓋住我父親的臉？我學會了說：我在天上的父，而你說我的父親就在天上，是慈愛的上帝，那麼我怎麼會認這樣一個野蠻人為父親？他不是我父親。」[10]國王聽到了這句話便坐起來，問他們是誰。

「我是你的妻子，而這是你的兒子哀傷，」皇后說。

國王看著她的雙手說：「但我的妻子有一雙銀製的手。」

她回答：「因為上帝的恩典，我天生的雙手長了回來。」[11]然後天使們去拿銀製的手出來給國王看，於是國王知道了她確實就是他的妻子，而這孩子就是他的兒子。他欣喜若狂地親吻他們，和他們與天使一起大吃大喝慶祝。之後他們返家，回到國王的母親身邊，全國上下舉國歡騰，國王與皇后又舉辦了一次婚禮。

* * *

如我們從這個故事看到的，為了讓無手的少女去做探索自己靈魂的功課（以及讓國王做他自己的功課），分離是必要的。她必須離家、流浪、進入森林、承受悲傷與失落，才能讓自己脫離對男性的依賴與投射而獲得自由。首先，當她被國王的愛拯救時，她便離開了少女時代，但身為他的妻子，她還是沒有太多的自我認同，更沒有自主權。她確實不再是爸爸的乖女兒了，但她還是沒有比缺少雙手時好太多。嫁給國王的時候，她接受了他訂做的銀製雙手禮物——代表著他的身分、想法、地位以及這個群體的原則。她被國王的愛滋養，被他年邁的母親照顧，但這無法治癒她為父親犧牲雙手時所承受的，她的女性特質的重大創傷，她仍舊無法自己獨立行動。

因為溝通的錯誤，她被迫離開王國，這次換成是她的孩子被綁在她的背上。即使她被驅逐，但她身上肩負了一個新生命的意象，一個得以實踐她潛能的承諾。她走進森林最深處，去找回她所失去的。

年輕的皇后日以繼夜地走著，哀悼她失去的一切。當她精疲力竭，再也無法獨自前進、無法獨自繼續，她背著孩子跪倒在地上，祈求協助。她祈禱：「我無法再一個人繼續下去。告訴我該怎麼做。」

一個天使出現，帶領她來到森林中的小屋，屋子大門上方寫著：「所有人都在此自由居住。」在這裡，她終於能自由進入深刻的、黑暗的、滋養的女性特質領域，捨棄她的父親情結以及她對男性的投射。七年的時間裡，她做著雜務，照顧她的孩子，哀悼生命中的失去，並建立了她與自我的關係。她經由承受苦難，以及聖靈的支持，讓自己覺醒，這些努力讓她天生的手重新長回來。她已經完成了自己靈魂的功課，因此創造出空間，讓她得以與國王團聚。

國王為妻兒流浪了七年，當他抵達森林深處時，他看起來已經不像國王。他看起來像個野人，一個謙卑的、脆弱的、腳踏實地的凡人。他將統治的原則拋諸身後，進入了屬於他心理的最深處。只有在這森林最深處，他才能找到他的皇后跟他的孩子。天使帶他走進「所有人自由居住」的小屋，讓國王皇后重聚。讓我們最深刻的自我連結在一起的，是我們的靈性。

國王躺下來，把手帕放在臉上，他讓自己對外界盲目，而能連結到自己女性特質的傷口，這時候他才能聽到他內在孩子的話語，而認出已經長出雙手，完整而美麗的妻子。國王皇后重新團聚，帶著他們的孩子回到王國。他們再度舉辦結婚典禮，這次的儀式是慶祝自由的選擇與新的開始。

癒合舊傷口

在放棄對父親理想化的過程中，爸爸的乖女兒逐漸接受了父親只是凡人，但是要能完全體會他的價值，她就必須承認自己失望與失落的傷。她也許有勇氣直接對父親表達自己的傷，但如果這已經不可能，她也許可以在藝術中，或藉由與互相支持的朋友、家人或配偶的互動，而表達出來。

在我持續舉辦的父女關係探討女性團體的最後一堂課中，我們創造了一個切割儀式，取自美洲原住民的「靈境追尋」（vision quest）傳統。每個女人講出她們在與父親的關係中所受的傷（許多人帶著憤怒跟悔恨），以及這些內心創傷對她們人生其他領域造成的影響。她將這些都寫在一張紙上，然後我們一起在儀式中燒掉這些紙。我們釋放了我們父親，不再怪罪他，而是祝福他，並為自己負責。每個女人藉由這個儀式顯示自己在一群相互同理的女人的支持下，願意捨棄她身為女兒的身分，完整地掌控自己的人生。

一旦爸爸的乖女兒不再要求父親為沒能滿足她的渴望負責，她就能真正地脫離父親，獲得自由，當癒合了她們關係裡的傷，她就能完全專注於過好自己的人生。她不再需要證明自己；不再需要一個男人來肯定她的決定，她能自由地去愛，並在一段立基於互相接納的關係裡，坦然地去尊重她的配偶或伴侶；她可以善用自己的技能跟想像力去自給自足，並保護自己；她可以誠實接受自己的野心勃勃或沒有野心；她可以在夢想出現時，讓夢想成真；她可以傾聽自己的內在節奏，並將時間留給工作和嬉戲；她可以認真對待她的人生，但帶著幽默感——她已經知道如何負起責任，現在她需要學習的是如何放手。她不再需要超級獨立，她可以請求幫助，接受來自男人跟女人的幫助，了解到她與其他人是互相依靠的，沒有人可以完全獨立地生活或單槍匹馬地對群體做出創造性的貢獻。[12]她可以聆聽女人智慧的聲音，並聽到發自內在靈魂深處的聲音。她能夠張開雙臂愛她的父親——不再需要倚靠在他身上。

父親的禮物

只有當爸爸的乖女兒深刻認知到父親給予的真正禮物時，她才是完全與父親和解了。矛盾的是，只有在她不再需要他肯定她的權威，在她與他有足夠的區隔而能尊重自己的智慧時，這樣的認知才會發生。此時她才能分辨父親真正給予了她什麼，而非她想要他給予什麼。在《禮物的美學》（*The Gift*）中，路易士・海德（Lewis Hyde）寫道，一份禮物必須被利用、消耗、吃掉。「沒有被使用的禮物就等同於喪失了，被傳遞下去的禮物則會持續豐碩。」[13]父親真正的禮物往往是女兒看不到的，直到她準備好靠自己來取得。

日裔加拿大人法子是一位四十幾歲的藥師。父親最近過世，於是她為了父親的喪禮，時隔二十多年後第一次回日本。她想要拿一樣父親日常生活中的東西來懷念他，一樣他觸摸過、使用過，而且顯然很重視的東西。她很開心拿到了他的一個大木頭算盤。她父親在日本經營一家碾米廠，而且跟他自己的父親一樣，用這個算盤來幫碾米廠記帳，也用這個算盤協助當地的地方政黨管理帳目。

法子在二次大戰後日本的小村莊長大。她曾經幫父親在碾米廠工作，騎著腳踏車去送訂單跟帳單。經過一段時間，她也變得很會用算盤，她年輕的手指在算盤上來回飛馳時，也熟稔了這行的例行作業。而她在多年後成為藥師時，使用算盤的技巧變得很管用，讓她分藥的速度特別快。現在她正經營一家自己的藥房。

法子的父親不讓孩子與他們的母親有任何形式的關係，因為她在戰後感染了肺結核，被逐出家門，在外生活。由於法子是長女，家裡又沒有兒子，傳統上的期待就是她會接手父親的事業。法子在二十歲初打算移民到加拿大時，她預期父親不會准許，結果在她宣布此事之後，他居然沒有任何回應。當他對此拒絕討論時，她感到很困惑，而當他沒有做任何事來勸退她時，她更是大受打擊。

在那個時代，一個單身日本女人離家已經是一件很不尋常的事，更不用說是離開她的國家，而且幾乎不會講另一國的語言，更沒有任何工作上的保證。社會中普遍的期待都是長女會為家族留下來，結婚、照顧全家人。法子在沒有父親的支持與祝福下離開了，她放棄了原先能繼承的家產，切斷了與所有家人的連結。父親的沉默傷透了她的心，但後來她才明白他的沉默也是給了她自由。雖然法子父親在當時文化的侷限下，無法給予她祝福，但他並沒有禁止她離開，這也是他能帶給她的最大的禮物。真正的愛的禮物總是包含了個人的犧牲。

十九歲的麗迪亞從父親那裡獲得的禮物之一是一分持久的安全感，一個強烈的經驗足以象徵這分安全感。在她中學入學的前一晚，她感到很焦慮和沮喪，有預感她的七年級生涯會過得很艱難，她父親傾聽她訴說她的恐懼，然後他離開他們的公寓，開車去學校操場。象徵和儀式對他而言很重要，於是他在操場上搜索，找到了一顆普通的石頭，帶回來給他女兒。麗迪亞說：「那顆石頭對我來說就是一顆仙丹，它幫助我放鬆並融入學校。隔年我轉學去另一所學校時，也把這顆石頭帶在身上。真正讓我覺得安心的不是那顆石頭，而是我父親的舉動。我那時候還很年幼、很害怕，而他讓我感覺到安全。」

一個父親可能永遠不知道自己給了女兒多少，而女兒可能也無法立刻了解他給予的禮物的意義，但它會隨著時間流逝而變得清楚，也可能發生在他過世許久之後。他的時間、存在、價值觀，和他所從事行業的技能，經常被視為理所當然，但它們卻提供了線索，讓我們了解身為父親的這個男人的祕密。就如同法子的算盤跟麗迪亞的石頭，它們都是父親的愛的象徵。

去年夏天，丹妮耶邀請父母跟她一起去法國旅遊。在她就讀大學二年級時，他們縮衣節食送她去國外讀書，現在她想回報這份禮物。她父親高齡八十六歲，健康狀況不佳，完全沒想過竟然還有機會回去歐洲。丹妮耶發現，當她看著父親每天清晨醒來時驚嘆的樣子，才發現了這次旅行帶來的真正的禮物。她說：「他是那麼充滿喜悅——就像個孩子般。他覺得生命是個禮物，當我看著他眼中的驚奇時，也從他那裡得到了這份禮物，我們擁有了真正意義上的團聚。當他過世時，每次回憶起我曾經與他共處過這段時光，我的心情就會好很多。現在不管在情感上或靈性上，我都有了力量的來源。」能夠與父親共享這分喜悅讓丹妮耶深刻認知到自己是足夠的，也感到對父親至深的感激。

＊　＊　＊

當面臨這本書最終的省思時，我擔心自己太仔細地審視了自己與父親的關係，同時又怕看得不夠仔細。我是我父親的乖女兒，我對他全心奉獻，同時我又是他的叛徒。我來自他、我屬於他，但我永遠無法認識全部的他。我只能藉由他對我的愛、行動和疏忽，認識他所顯露出來的部分。其餘的永遠是個謎。

我遺傳了父親隨和的微笑、寬大的手，還有高聳的顴骨。我用視覺感官觀看這個世界，以他的美感評量這世界；我對杜鵑花、海洋和閱讀懸疑小說的熱愛來自於他；我也分享了他強迫性地保持活躍的需求、他的難以入睡、跟他對大自然的愛。我帶著他想了解各種觀點的渴望，但又和他一樣像個頑固愛爾蘭人，經常否定這些觀點。他的好奇心、創造力以及對於自己作品的深刻滿足感都啟發了我；他的控制慾讓我痛苦，也讓我聯想到自己的控制慾。我愛我的孩子，就和他一樣地強烈而佔有。小時候我的父親慈愛和善，但近乎無法取悅，當時是多麼渴望他的保護與讚許，但到最後，我捨棄了這項渴望。我因為他的精神與存在而幸福，也因他的缺席而受傷，並決心面對兩者，直到現在我才開始能夠全然地接受他的愛。

開始寫這本書時我做了一個夢，一個關於我父親死亡的夢。我很害怕那個夢，害怕這是個凶兆，預言了如果我繼續探索與他的關係就會發生這個結果。但我也知道父親的死亡，如同一位國王的死亡，象徵了心理上古老的統治態度的死亡，如果我要學習「我」究竟是誰，這個死亡就是必要的。

對於身為爸爸的乖女兒，我學到了什麼？這趟發現之旅始於我身為一個女兒的位置，害怕傷害我父親的感受，卻渴望得到他的注意跟讚許，又要他為沒有能保護我或建造我的夢負責，但我已經掙脫了我們兩人之間原型承諾中糾纏的網絡，現在的我了解到，照顧我、保護我並非他的責任，也不是任何人的責任。我沒有因為寫這本書而殺了我父親，我是殺了我想「成為他」的掙扎。

尾聲

寫給未來的父親們

如果父親們容許現狀的私人與文化模式將他們催眠，那他們就可能在過程中失去他們的孩子。如果父親真心想要與孩子有深刻的感情，也願意做必要的工作，我相信他們一定會得到，只是那形式或許會讓他們很驚訝。

——查爾斯．史庫爾（Charles Scull），《父親們》（*Fathers*）

在這本書中和我們分享故事的許多女兒都問我，我是否認為父親們會讀這本書？我當然希望是會的。父親的角色隨著時代不斷演進，隨著每個新時代來臨，他的角色就更擴張並包含了先前世代父親的功能。女兒的需求也隨著時代改變，我女兒的世代以及她們的世代會帶來這個世界的女兒們，都將面臨你跟我都只能憑空想像的挑戰。這些女兒將需要她們父親的支持，才能成為完整的女兒、可以身為女性的自己，而非透過仿效男性並反映父親的身分認同，得到榮耀與敬重。

艾蜜莉，一個四十幾歲的爸爸的乖女兒，成年之後與異性經歷過數段很艱難的關係，在結束訪談時，她對那些她希望會讀這本書的父親發出懇切的要求。「請告訴他們要愛他們的妻子。如果父親愛我少一點，愛我母親多一點，我會好過許多。」我很重視艾蜜莉的請求，因而也在此給未來的父親一些建議：

愛你的妻子、表達你的情感，示範一段完整而有愛的關係會帶來多少喜悅。

讀書、唱歌給你的女兒聽，傾聽她的幻想。鼓勵她有能力去讓自己的夢想成真。

教導她特別的技術，指導她參與團體運動，教她怎麼使用工具。但不要逼她變成像男孩子一樣才能得到你的注意。讓她當個小女孩，尊重她的女性特質。

容許你女兒表現出各種情緒。傾聽她，但不要試圖去解決她的感受。相信如果她知道你接受她，她就能靠自己找出解決方法。

跟她一起笑，一起哭，感受你自己的情緒。不要期待她照顧你的感受，也絕對不要仰賴她成為你情感上的妻子。

尊重她的隱私。她的身體屬於她。在她進入青春期後，找到適當的支持來處理你對於她萌發的性特徵的不自在感受。

信任她會選擇她自己的愛人，並祝福她對伴侶的選擇。
讓她知道除了眼見為憑外，還存在著更多事物，尊敬她的直覺，讚揚她對靈性的感受。
肯定她想要對世界做出貢獻的欲望。
知道何時該放手，做她的朋友，讓你們都能在智慧中成長。
在你進入漫漫長夜時對她溫柔。

註解

第一章　父親的乖女兒們

1. Definition of a “good enough” father from Dr. Marlin S. Potash, quoted in Victoria Secunda, *Women and Their Fathers* (New York: Delacorte Press, 1992) 101.
2. Adrienne Rich, *Of Woman Born: Motherhood as Experience and Institution* (New York: W. W. Norton, 1976) 249.
3. Mary Gordon, “The Parable of the Cave or: In Praise of Watercolors,” in *The Writer on Her Work,* ed. Janet Sternburg (New York: Norton, 1980) 31–32.

第二章　身分認同：身為父親的乖女兒代表什麼？

1. T. Berry Brazelton: presentation at the 12th Annual Margaret S. Mahler Symposium, Philadelphia (1981), cited in Signe Hammer, *Passionate Attachments* (New York: Rawson Associates, 1982) 131.
2. Betty Carter, “Fathers and Daughters,” in *The Invisible Web: Gender Patterns in Family Relationships,* ed. Marianne Walters (New York: Guilford Press, 1988) 99.
3. Elizabeth Mehren, “Cues from the Crib,” *Los Angeles Times,* 20 May 1992, El, E8.
4. Robert Johnson, *Owning Your Own Shadow* (San Francisco: Harper & Row, 1991) 26.
5. Carter, “Fathers and Daughters,” 102.

第三章　父親的乖女兒與性

1. Hammer, *Passionate Attachments* (New York: Rawson Associates, 1982) 137–8.
2. Bruno Bettelheim, *The Uses of Enchantment: The Meaning and Importance of Fairy Tales* (New York: Vintage Books, 1977) 307.
3. Andrew Samuels, “On Fathering Daughters,” *Psychological Perspectives* 21 (Fall 1989): 129.
4. Irene Gad, “The Couple in Fairy Tales: When Father’s Daughter Meets Mother’s Son,” in *Psyche’s Stories,* ed. Murray Stein and Lionel Corbett (Wilmette, Ill.: Chiron Publications, 1991) 40–41.
5. Julia Jewett, “‘Allerleirauh’ (All Kinds of Fur): A Tale of Father Dominance, Psychological Incest, and Female Emergence,” in Stein and Corbett, *Psyche’s Stories,* 24.

6. Linda Schierse Leonard, *The Wounded Woman* (Boston: Shambhala Publications, 1982) 159. Leonard writes that a father can function as a "ghostly lover" when there is a "too positive" relation with the father or when the father is absent. She states: "Often an idealized relation to the father is built up unconsciously when the father is missing."
7. Samuels, "On Fathering Daughters," 126–9.
8. Barbara Smith, "The Roy and Barbara Show," performed at Highways in Santa Monica, Calif., 6 June 1991.
9. Jewett, "'Allerleirauh,'" 17–18.
10. Carter, "Fathers and Daughters," 99.
11. Lynda E. Boose, "The Father's House and the Daughter in It," in *Daughters and Fathers,* ed. Lynda E. Boose and Betty S. Flowers (Baltimore: Johns Hopkins University Press, 1989) 68.
12. Ibid., 69.
13. Ibid.
14. Connie Zweig, "Failing My Father, Finding Myself," in *Fathers, Sons and Daughters,* ed. Charles Scull (Los Angeles: Jeremy P. Tarcher, 1992) 132.
15. Ibid., 134.
16. Ibid.
17. See Ellen Bass and Laura Davis, *The Courage to Heal* (New York: Harper & Row, 1988); Sandra Butler, *Conspiracy of Silence: The Trauma of Incest* (San Francisco: Volcano Press, 1985); Judith Herman, *Father-Daughter Incest* (Cambridge: Harvard University Press, 1981); Alice Miller, *Thou Shalt Not Be Aware: Society's Betrayal of the Child* (New York: New American Library, 1986); Michelle Morris, *If I Should Die Before I Wake* (New York: Dell, 1982); Florence Rush, *The Best Kept Secret: Sexual Abuse of Children* (Englewood Cliffs: Prentice-Hall, 1980); Jeffrey Masson, *The Assault on Truth: Freud's Suppression of the Seduction Theory* (New York: Farrar, Straus & Giroux, 1984).
18. Jane Carruth, *The Giant All-Color Book ofFairy Tales* (New York: Golden Press, 1971) 334–349.
19. Jewett, "'Allerleirauh,'" 24.

第四章　身為英雄的父親，身為命運的女兒

1. Marion Woodman, *Leaving My Father's House* (Boston: Shambhala Publications, 1992) 13.
2. Daryl Sharp*, Jung Lexicon* (Toronto: Inner City Books, 1991) 29.
3. Carl Jung, *Freud and Psychoanalysis* (New York: Bollingen Series XX, 1961) 323.
4. Carl Jung, *Psyche and Symbol* (New York: Doubleday, 1958) 135–136.
5. For a full discussion of the journey of the hero, see Joseph Campbell, *A Hero with a Thousand Faces* (Princeton: Bollingen Series XVII, 1949).
6. June Singer, "Finding the Lost Feminine in the Judeo-Christian Tradition," in *To Be a Woman*, ed. Connie Zweig (Los Angeles: Jeremy P. Tarcher, 1990) 224–225.

7. The female counterpart to the hero's journey is the heroine's journey, which defines the quest of modern-day woman to reclaim and heal her feminine nature. See Maureen Murdock, *The Heroine's Journey* (Boston: Shambhala Publications, 1990).
8. Dr. Augustus Napier, address to American Association of Marriage and Family Therapists conference, San Francisco, October, 1990.
9. Sharon Olds, "Looking at My Father," in *The Gold Cell* (New York: Alfred A. Knopf, 1990) 31.
10. Ibid., 31–32.
11. Mary Gordon, *The Other Side* (New York: Penguin Books, 1989) 357.
12. I first read about fathers "missing in action" in Brenda Peterson's essay, "The War That Fell to Earth" in *Nature and Other Mothers* (New York: HarperCollins, 1992) 171–175-
13. Hammer, *Passionate Attachments,* 207.
14. Shirley Abbott, *The Bookmaker's Daughter* (New York: Ticknor & Fields, 1991) 185.
15. Ibid., 181.
16. Ibid., 264.
17. Gilda Frantz, "Birth's Cruel Secret/O I am my own Lost Mother/To my own Sad Child," in *Chiron: A Review of Jungian Analysis* (Chiron Publications, 1985): 157–158.
18. Marion Woodman, *The Ravaged Bridegroom* (Toronto: Inner City Books, 1990) 115.
19. Ibid., 112.

第五章　滋養或斬斷創造力

1. Arthur Colman and Libby Colman, *Earth Father, Sky Father* (Englewood Cliffs, N.J.: Prentice-Hall, 1981) 78.
2. Gordon, "Parable of the Cave," 31.
3. Ibid., 32.
4. Albert Kreinheder, "The Jealous Father Syndrome," *Psychological Perspectives 2,* no. 1 (Spring 1971): 45–46.
5. Ibid.
6. Colman and Colman, *Earth Father, Sky Father,* 14.
7. The Brothers Grimm, *The Complete Grimm's Fairy Tales* (New York: Pantheon Books, 1944) 160–166.
8. Ibid., 160.
9. Ibid., 161.
10. Ibid.
11. Ibid.
12. Ibid.

第六章　女人與權力

1. Robert Moore and Douglas Gillette, *King, Warrior, Magician, Lover* (San Francisco: HarperCollins, 1990). See 49–73 for a detailed discussion of the King archetype.
2. Karen E. Klein, "Low-Income Housing Was Dad's Dream," *Los Angeles Times,* 22 March 1992, K1.
3. Starhawk, *Truth or Dare* (San Francisco: Harper & Row, 1987) 66.
4. Quoted in Lynn Smith, "Protesting Patriarch," *Los Angeles Times,* 16 May 1993, El.
5. Starhawk, *Truth or Dare,* 66.
6. Hammer, *Passionate Attachments,* 217.
7. For a full discussion of women's psychological growth and moral development, see Carol Gilligan, *In a Different Voice: Psychological Theory and Women's Development* (Cambridge: Harvard University Press, 1982).
8. Jean Baker Miller, "Women and Power," *Journal: Women and Therapy 6,* nos. 1 and 2 (Spring/Summer 1987): 1–11.
9. Jean Block's research is discussed in Nicky Marone, *How to Father a Successful Daughter* (New York: McGraw-Hill, 1988) 92. For more information, see Jean H. Block, "Another Look at Sex Differentiation in the Socialization Behaviors of Mothers and Fathers," in J. A. Sherman and F. L. Denmark, eds., *Psychology of Women: Future Directions of Research* (New York: Psychological Dimensions, 1979).
10. Ibid. For more information on "learned helplessness," see *Journal of Abnormal Psychology,* 87 (1) (February 1978), which dealt solely with this issue.
11. Barbara Marsh, "Daughters Find That Fathers Still Resist Passing the Family Business on to Them," *The Wall Street Journal,* 14 April 1992, B1.
12. Ibid.
13. Ibid., B2.
14. For a full discussion of the managerial woman, see Margaret Hennig and Anne Jardim, *The Managerial Woman* (Garden City, N.Y.: Anchor Press/Doubleday, 1977).
15. Discussed in Hammer, *Passionate Attachments,* 201.
16. Cantor and Bernay, *Women in Power,* 103–109.
17. Quoted in Connie Zweig and Jeremiah Abrams, *Meeting the Shadow* (Los Angeles: Jeremy P. Tarcher, 1991) 48.
18. Ibid., 49.
19. W. G. Clark and W. Aldis Wright, eds., *The Complete Works of William Shakespeare* (Programmed Classics) 759.
20. Ibid.
21. Ibid., 760.
22. Ibid.
23. Ibid.
24. Ibid., 761.

25. James Kirsch, *Shakespeare's Royal Self*(New York: C. G. Jung Foundation for Analytical Psychology, 1966) 194.
26. Clark and Wright, *Complete Works of Shakespeare,* 791.
27. Starhawk, *Truth or Dare,* 10.
28. Ibid., 21.
29. Ibid., 10.
30. Cantor and Bernay, *Women in Power,* 28.

第七章　女人與靈性

1. Moore and Gillette, *King, Warrior, Magician, Lover*, 49.
2. Ibid., 56.
3. Sherry Ruth Anderson and Patricia Hopkins, eds., *The Feminine Face of God* (New York: Bantam Books, 1991) 28.
4. Ibid., 28–29.
5. Carol P. Christ, *Laughter of Aphrodite* (San Francisco: Harper & Row, 1987) 97–98.
6. Ibid., 98–99.
7. Charlene Spretnak, ed., *The Politics of Women's Spirituality* (New York: Anchor Press, 1982) xii.
8. See Marija Gimbutas, *Goddesses and Gods of Old Europe, 7000—3500 B.C.* (Berkeley and Los Angeles: University of California Press, 1982).
9. Barbara Walker, *The Skeptical Feminist* (San Francisco: Harper & Row, 1987) 133.
10. See Gimbutas, *Goddesses and Gods;* and Merlin Stone, *When God Was a Woman* (San Diego: Harcourt Brace Jovanovich, 1978).
11. Spretnak, *Politics of Women's Spirituality,* 394.
12. Barbara Walker, *The Crone* (San Francisco: Harper & Row, 1985) 19.
13. Barbara Walker, *The Woman's Dictionary of Symbols and Sacred Objects* (San Francisco: Harper & Row, 1988) 275.
14. Anderson and Hopkins, *Feminine Face of God,* 77.
15. Alice Walker, *The Color Purple* (London: Women's Press, 1983) 66- 67.

第八章　不再是我父親的乖女兒

1. Sharon Olds, "Last Words," in *The Father* (New York: Alfred A. Knopf, 1992) 23.
2. Carolyn G. Heilbrun, *Writing a Woman's Life* (New York: Ballantine Books, 1988) 64—65.
3. Victoria Secunda, *Women and Their Fathers* (New York: Delacorte Press, 1992) 365.
4. Diane Elizabeth Dreher, *Domination and Defiance: Fathers and Daughters in Shakespeare* (Lexington, Ky.: University Press of Kentucky, 1986) 166.

5. Ibid., 43–44.
6. Ibid., 44.
7. Abbott, *Bookmaker's Daughter,* 264—265.
8. Ibid., 265.
9. Ibid., 267.
10. Collette Dowling, *The Cinderella Complex* (New York: Summit Books, 1981) 18.
11. Gloria Steinem, *Revolution from Within* (Boston: Little, Brown & Co., 1992) 264.
12. Ibid., 264–265.
13. This old Jewish story was first told to me by Gilda Frantz in 1991. The issues this story illuminates about betrayal and trust are analyzed in depth in James Hillman, "Betrayal," *Spring: An Annual of Jungian Thought and Archetypal Psychology* (Analytic Psychology Club of New York, Inc., 1965): 57–76.
14. Hillman, "Betrayal," 60.
15. Ibid., 61.
16. Ibid., 72.
17. Ibid., 76.
18. Madonna Kolbenschlag, *Kiss Sleeping Beauty Good-Bye* (San Francisco: Harper & Row, 1979) 169.
19. Iona and Peter Opic, *The Classic Fairy Tales* (London: Oxford University Press, 1974) 139–150.
20. Larry Gates, "The Resurrection of the Body in Cocteau's *Beauty and the Beast, "Psychological Perspectives 23* (Spring 1991): 112–123.
21. Ibid., 123.

第九章　與父親和解

1. Clarissa Pinkola Estes, *Women Who Run With the Wolves* (New York: Ballantine, 1992) 395.
2. Ibid., 412.
3. See Maureen Murdock, *The Heroine's Journey*, Chapter 5 for a discussion about spiritual aridity and death, and Chapter 6 for a discussion about the Descent.
4. The Brothers Grimm, *The Complete Grimm's Fairy Tales*, 162.
5. Ibid., 163.
6. Ibid., 164.
7. Ibid.
8. Ibid., 165.
9. Ibid.
10. Ibid.
11. Ibid., 166.
12. Ellen Meredith, *Listening In: Dialogues with the Wiser Self*(Haydenville, MA: Horse Mountain Press, 1993) 166.
13. Lewis Hyde, *The Gift* (New York: Vantage Books, 1979) 21.

參考書目

Abbott, Shirley. *The Bookmaker's Daughter.* New York: Ticknor & Fields, 1991.

Anderson, Sherry Ruth and Patricia Hopkins. *The Feminine Face of God.* New York: Bantam Books, 1991.

Bettelheim, Bruno. *The Uses of Enchantment: The Meaning and Importance of Fairy Tales.* New York: Vintage Books, 1977.

Bennett, Paula. *My Life a Loaded Gun.* Boston: Beacon Press, 1986.

Boose, Lynda E. and Betty S. Flowers. *Daughters and Fathers.* Baltimore: Johns Hopkins University Press, 1989.

Bowlby, John. *Separation, Anxiety and Anger.* New York: Basic Books, 1973.

Cantor, Dorothy W. and Toni Bernay, with Jean Stoess. *Women in Power.* New York: Houghton Mifflin Co., 1992.

Carruth, Jane. *Fairy Tales.* New York: Golden Press, 1972.

Chase, Joan. *The Evening Wolves.* New York: Farrar, Straus & Giroux, 1989.

Christ, Carol. *Laughter of Aphrodite.* San Francisco: Harper & Row, 1987.

Clark, W. G., and W. Aldis Wright, eds. *The Complete Works of William Shakespeare.*

Colman, Arthur and Libby Colman. *Earth Father, Sky Father.* Englewood Cliffs, N.J.: Prentice-Hall, 1981.

Dowling, Collette. *The Cinderella Complex.* New York: Summit Books, 1981.

Dreher, Diane Elizabeth. *Domination and Defiance: Fathers and Daughters in Shakespeare.* Lexington, Ky.: University Press of Kentucky, 1986.

Eisler, Riane. *The Chalice and the Blade.* San Francisco: Harper & Row, 1987.

Erdoes, Richard and Alfonso Ortiz, eds. *American Indian Myths and Legends.* New York: Pantheon Books, 1984.

Estes, Clarissa Pinkola. *Women Who Run with the Wolves.* New York: Ballantine Books, 1992.

Faludi, Susan. *Backlash: The Undeclared War against American Women.* New York: Crown Publishers, 1991.

Gimbutas, Marija. *Goddesses and Gods of Old Europe, 7000–3500 B.C.* Berkeley and Los Angeles: University of California Press, 1982.

Gordon, Mary. *The Other Side.* New York: Penguin Books, 1989.

Greer, Germaine. *Daddy We Hardly Knew You.* New York: Fawcett Columbine, 1989.

Grimm, The Brothers. *The Complete Grimm's Fairy Tales.* New York: Pantheon Books, 1944.

Hammer, Signe. *Passionate Attachments.* New York: Rawson Associates, 1982.

Harding, M. Esther. *The Way of All Women.* London: Longmans, Green and Co., 1933.

Heilbrun, Carolyn G. *Writing a Woman's Life.* New York: Ballantine Books, 1988.

Hennig, Margaret and Anne Jardim. *The Managerial Woman.* Garden City, N.Y.: Anchor Press/Doubleday, 1977.

Houston, Jean. *The Hero and the Goddess.* New York: Ballantine Books, 1992.

Hurcombe, Linda, ed. *Sex and God: Some Varieties of Women's Religious Experience.* New York and London: Routledge & Kegan Paul, 1987.

Hyde, Lewis. *The Gift.* New York: Vintage Books, 1979.

Johnson, Robert A. *Femininity Lost and Regained.* New York: Harper Perennial, 1990.

______. *Owning Your Own Shadow.* San Francisco: Harper & Row, 1991.

Jung, Carl G. *Freud and Psychoanalysis.* New York: Bollingen Series XX, 1961.

Kinsley, David. *The Goddesses' Mirror: Visions of the Divine from East and West.* Albany: State University of New York Press, 1989.

Kirsch, James. *Shakespeare's Royal Self.* New York: C. G. Jung Foundation for Analytical Psychology, 1966.

Kolbenschlag, Madonna. *Kiss Sleeping Beauty Good-Bye.* San Francisco: Harper & Row, 1979.

Kufrin, Joan. *Uncommon Women.* Piscataway, N.J.: New Century Publishers, 1981.

Kuo, Louise and Yuan-Hsi. *Chinese Folktales.* Millbrae, Calif.: Celestial Arts, 1976.

Lamb, Michael E., ed. *The Father's Role: Cross-Cultural Perspectives.* Hillsdale, N.J.: Laurence Erlbaum Associates, Publishers, 1987.

Leonard, Linda Schierse. *The Wounded Woman.* Boston: Shambhala Publications, 1982.

Lerner, Harriet Goldhor. *Women in Therapy.* New York: Harper & Row, 1988.

Lewis, C. S. *Till We Have Faces.* New York: Harcourt, Brace & Co., 1956.

Luke, Helen M. *Woman, Earth and Spirit.* New York: Crossroad, 1984.

Marone, Nicky. *How to Father a Successful Daughter.* New York: McGraw Hill, 1988.

Meredith, Ellen. *Listening In.* Haydenville, Mass.: Horse Mountain Press, 1993.

Miller, Jean Baker. *Toward a New Psychology of Women.* 2nd ed. Boston: Beacon Press, 1986.

Miller, Sue. *Family Pictures.* New York: Harper & Row, 1990.

Minninger, Joan and Barbara Goulter. *The Father-Daughter Dance.* New York: G. P. Putnam's Sons, 1993.

Moon, Beverly, ed. *An Encyclopedia of Archetypal Symbolism.* Boston: Shambhala Publications, 1991.

Murdock, Maureen. *The Heroine's Journey.* Boston: Shambhala Publications, 1990.

Nowra, Louis. *Palu.* New York: St. Martin's Press, 1987.

Olds, Sharon. *The Father.* New York: Alfred A. Knopf, 1992.

______. *The Gold Cell.* New York: Alfred A. Knopf, 1990.

Owen, Ursula, ed. *Fathers: Reflections by Daughters.* New York: Pantheon Books, 1983.

Peterson, Brenda. *Nature and Other Mothers.* New York: HarperCollins, 1992.

Rich, Adrienne. *Diving into the Wreck: Poems 1971–1972.* New York: W. W. Norton, 1973.

______. *The Dream of a Common Language: Poems 1974–1977.* New York: *W. W. Norton, 1978.*
______. *Of Woman Born: Motherhood as Experience and Institution.* New *York: W. W. Norton, 1976.*
______. *Sources.* Woodside, Calif.: Heyeck Press, 1983.
Samuels, Andrew, ed. *The Father: Contemporary Jungian Perspectives.* London: Free Association Books, 1985.
Scull, Charles, ed. *Fathers, Sons and Daughters.* Los Angeles: Jeremy P. Tarcher, 1992.
Secunda, Victoria. *Women and Their Fathers.* New York: Delacorte Press, 1992.
Smiley, Jane. *A Thousand Acres.* New York: Fawcett Columbine, 1991.
Spretnak, Charlene, ed. *The Politics of Women's Spirituality.* New York: Anchor Press, 1982.
Starhawk. *Truth or Dare.* San Francisco: Harper & Row, 1987.
Stein, Murray and Lionel Corbett. *Psyche's Stories: Modern Jungian Interpretations of Fairy Tales.* Wilmette, Ill.: Chiron Publications, 1991.
Steinem, Gloria. *Revolution from Within.* Boston: Little Brown & Co., 1992.
Sternburg, Janet, ed. *The Writer on Her Work.* New York: W. W. Norton, 1980.
Stone, Merlin. *When God Was a Woman.* San Diego: Harcourt Brace Jovanovich, 1978.
Storr, Anthony. *Churchill's Black Dog, Kafka's Mice and Other Phenomena of the Human Mind.* New York: Grove Press, 1988.
Thompson, Smith. *One Hundred Favorite Folktales.* Bloomington, Ind.: Indiana University Press, 1968.
von Franz, Marie-Louise. *Problems of the Feminine in Fairytales.* Irving, Tex.: Spring Publications, 1972.
Walker, Alice. *The Color Purple.* London: Women's Press, 1983.
Walker, Barbara G. *The Crone.* San Francisco: Harper & Row, 1985.
______. *The Skeptical Feminist.* San Francisco: Harper & Row, 1987.
______. *The Woman's Dictionary of Symbols and Sacred Objects.* San Francisco: Harper & Row, 1988.
______. *The Woman's Encyclopedia of Myths and Secrets.* San Francisco: Harper & *Row, 1983.*
Walters, Marianne, Betty Carter, Peggy Papp, and Olga Silverstein, eds. *The Invisible Web: Gender Patterns in Family Relationships.* New York: Guilford Press, 1988.
Waters, Frank. *Masked Gods.* Athens: Swallow Press, 1950.
Wilmer, Harry A., ed. *Mother Father.* Wilmette, Ill.: Chiron Publications, 1990.
Wolkstein, Diane and Samuel Noah Kramer. *Inanna, Queen of Heaven and Earth.* New York: Harper & Row, 1983.
Woodman, Marion. *Leaving My Father's House.* Boston: Shambhala Publications, 1992.
______. *The Ravaged Bridegroom.* Toronto: Inner City Books, 1990.
Young-Eisendrath, Polly and Florence L. Wiedermann. *Female Authority.* New York: Guilford Press, 1987.

Zipes, Jack. *Don't Bet on the Prince: Contemporary Feminist Fairy Tales in North America and England.* New York: Methuen, 1986.

Zweig, Connie, ed. *To Be a Woman.* Los Angeles: Jeremy P. Tarcher, 1990.

Zweig, Connie and Jeremiah Abrams. *Meeting the Shadow.* Los Angeles: Jeremy P. Tarcher, 1991.

Articles

Frantz, Gilda. "Birth's Cruel Secret/O I am my own Lost Mother/To my own Sad Child." *Chiron: A Review of Jungian Analysis.* Chiron Publications, Wilmette, 111. 1985, 157–172.

Koenenn, Connie. "Bent on Clearing the Air." *Los Angeles Times* (20 November, 1991): "View" section, 1–5.

Kreinheder, Albert. "The Jealous Father Syndrome." *Psychological Perspectives* 2, no. 1 (Spring 1971): 43–50.

Salzmann, Monique. "Refusing to Be a Woman." *Personal and Archetypal Dynamics in Analytical Relationships* from the Proceedings of the 11 th International Congress for Analytic Psychology, Paris 89. ed. Mary Ann Mattoon. Switzerland: Daimon Verlag, 1989, 277–281.

Samuels, Andrew. "On Fathering Daughters." *Psychological Perspectives* 21 (Fall 1989): 126–9.

Schmidt, Lynda W. "How the Father's Daughter Found Her Mother." *Psychological Perspectives* 14, no. 1 (Spring 1983): 8–19.

Sellery, J'nan. "Creative Women: A Break with Tradition." *Psychological Perspectives* 11, no. 2 (Fall 1980): 109–110.

Singer, June. "Finding the Lost Feminine in the Judeo-Christian Tradition," in *To Be A Woman,* ed. Connie Zweig (Los Angeles: Jeremy P. Tarcher, 1990): 222–223.

Woodman, Marion. "Abandonment in the Creative Woman." *Chiron: A Review of Jungian Analysis.* Chiron Publications, Wilmette, Ill. 1985: 23–46.

Holistic 169

父親的乖女兒：關於那些努力變得優秀，卻失落自我的女性

Fathers' Daughters: Breaking the Ties that Bind

茉琳・莫德克——著　李淑珺——譯

出版者—心靈工坊文化事業股份有限公司
發行人—王浩威　　總編輯—徐嘉俊
執行編輯—陳安琪　封面設計—倪旻鋒
內頁排版—龍虎電腦排版股份有限公司
通訊地址—10684 台北市大安區信義路四段 53 巷 8 號 2 樓
郵政劃撥—19546215　戶名—心靈工坊文化事業股份有限公司
電話—02）2702-9186　傳真—02）2702-9286
Email—service@psygarden.com.tw　網址—www.psygarden.com.tw

製版—龍虎電腦排版股份有限公司
印刷—彩峰造藝印像股份有限公司
總經銷—大和書報圖書股份有限公司
電話—02）8990-2588　傳真—02）2290-1658

通訊地址—248 新北市新莊區五工五路二號
初版一刷—2025 年 6 月　ISBN—978-986-357-441-5　定價—550 元

Fathers' Daughters: Breaking the Ties that Bind
By Maureen Murdock

國家圖書館出版品預行編目資料

父親的乖女兒：關於那些努力變得優秀，卻失落自我的女性 / 茉琳・莫德克著；
李淑珺譯 . -- 初版 .
-- 臺北市 : 心靈工坊文化事業股份有限公司 , 2025.06
面；　公分 . -- (Holistic ; 169)
譯自 : Fathers' daughters : breaking the ties that bind
ISBN 978-986-357-441-5（平裝）

1.CST: 子女　2.CST: 父親　3.CST: 親子關係　4.CST: 女性心理學

544.147　　114005659

